神国論の系譜

鍛代《きたい》敏雄《としお》

法藏館

神国論の系譜＊目次

神国論の系譜

はじめに

天下人は、「神」になった。

信長は天文《てんぶん》三年（一五三四、甲午《きのえうま》）、秀吉は六年（丁酉《ひのととり》）、家康は十一年（壬寅《みずのえとら》）と、天文年間、変革の戦国時代にかれらは生まれた。東国の伊達・上杉、北条・今川・武田、西国の大内・尼子・毛利、九州の大友・島津などの戦国大名が分国を形成し、それぞれの地域に「国家」を建設し、国境紛争の頻発した時期であった。

異形の覇王・信長は、自分の誕生日を聖日とさだめ、安土山内に築造した総見寺《そうけんじ》に人々を参詣させて、「予みずからが神体である」と宣言した。信長に寵愛された宣教師のルイス・フロイスでさえ、このような言動をきいて、自著『日本史』のなかで「悪魔的傲慢さ」と形容せざるをえなかった。

よく知られているとおり、秀吉は「日輪《にちりん》の子」と書いた外交文書を、朝鮮国王や高山国《こうざんこく》（台湾）へ遣わしている。いわゆる太陽王としての奇蹟の誕生譚を、自己宣伝したものだった。慶長三年（一五九八）八月、伏見城内で亡くなった秀吉は、京都東山の阿弥陀ケ峰に葬られた。翌四年四月には、方広寺《ほうこうじ》大仏殿のとなりに造営された豊国社に神霊として祀《まつ》られ、「正一位豊国《ほうこく》大明神」の神階宣下をうけた。鶴岡八幡宮で拝した源頼朝像に何ごとかを語りかけたと伝えられる秀吉だが、頼朝（白旗大明神）と同じ大明神となったのである。ただし、頼朝のばあいと違う点は、自分の意志で、本人の遺命によって「人霊」＝「神」になったところにある。

ついで、元和二年（一六一六）四月、大御所《おおごしょ》家康が駿府城において没した。秀吉とひとしく、家康の意志にしたがって、神道式の葬儀が久能山で執りおこなわれた。七月には、「東照大権現《とうしょうだいごんげん》」の神号が勅によってさだめられ、翌三年四月、日光の御霊屋《おたまや》にあらためて祀られて今日にいたっている。権現様は仏菩薩の垂迹《すいじゃく》神であって、まさに東を照らす日光（太陽神）となったのである。

いったいなぜ、天下人たちは「神」になろうとしたのか、またじっさいに「神」として祀られたのか。本書では、この謎解きをしてみようとおもう。

そのためには、まず「わが国は神国である」といった国土観や国家論がどのように創造され、そのかたちをととのえていったのか、歴史の潮流をさかのぼって探る必要があるだろう。べつの言い方をすると、神国の系譜をたどりながら、神国論の考え方の枠組み（パラダイム）をトレースすること、すなわちこれが本書の主な課題となる。

本文では、近現代につくられた「神国思想」という歴史用語はできるだけつかわなかった。巻末の主要参考文献一覧をみていただくとわかるように、多くの研究者によって積み上げられてきた「神国思想」の学問塔を等閑視するつもりは毛頭ない。けれども、とくにその用語にまとわる神祇信仰の宗教イメージからすこし距離をおいて、「神国」の論説を史料に即してじっくりと読み解いてみたいとおもったからである。

なお、研究者以外の読者の方々も念頭において、引用史料はできるだけ書下し、本文にもルビ付を多用した。

第一章　神国の創成

「神国」の初見

「神国」という言葉は、『日本書紀』にはじめてみえる。
仲哀《ちゅうあい》天皇紀九年十月条（神功《じんぐう》皇后紀）には、次のように書かれている。

（新羅《しらぎ》王曰）吾聞く、東に神国《かみのくに》有り、日本《やまと》と謂ふ、亦聖王有り、天皇と謂ふ、必ず其の国の神兵《みいくさ》ならむ、豈《あに》兵を挙げて距《ふせ》くべけむや、といひて、即ち素旆《しろきはた》あげて自ら服《まつろ》ひぬ、

『日本書紀』の成立した八世紀初頭に、「神国」の史料上の始源をたしかめることはできるが、この「神国」の記載は、『百済記《くだらき》』が出典であったと考えられている。
この「神話」からうかがい知られる内容は、新羅王という他国の王権に「神国日本」を

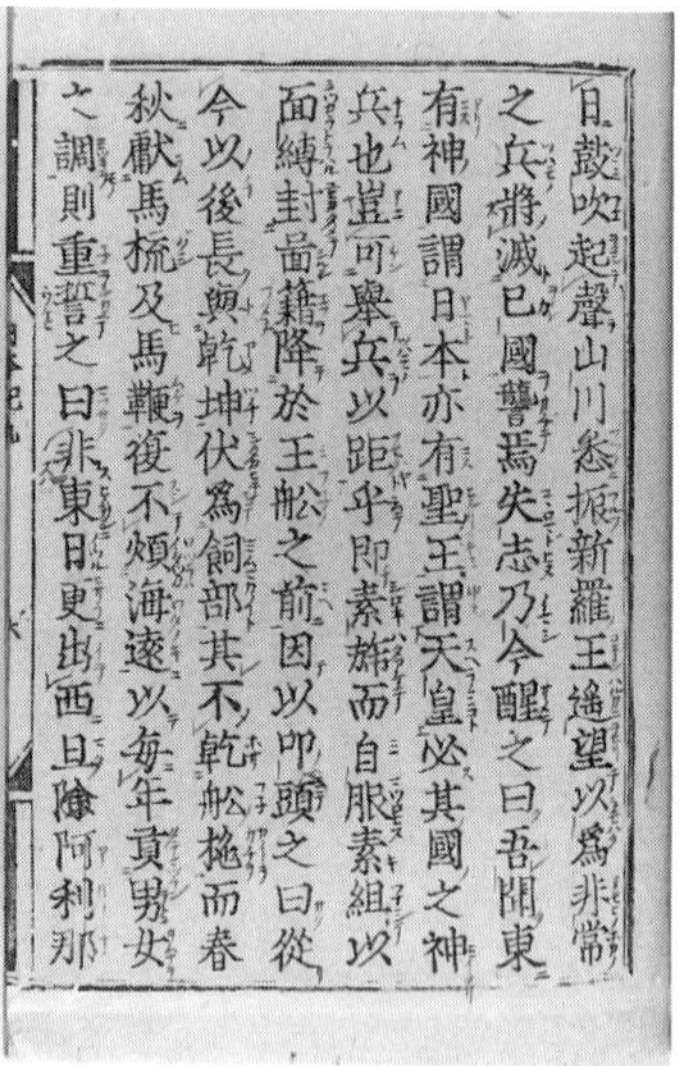
日皷吹起聲山川悉振新羅王遙望以爲非常
之兵將滅己國讋焉失志乃今醒之曰吾聞東
有神國謂日本亦有聖王謂天皇必其國之神
兵也豈可舉兵以距乎即素旆而自服素組以
面縛封圖籍降於王船之前因以叩頭之曰從
今以後長與乾坤伏爲飼部其不乾船柂而春
秋獻馬梳及馬鞭復不煩海遠以毎年貢男女
之調則重誓之曰非東日更出西且除阿利那

『日本書紀』仲哀天皇紀九年十月条
（宮内庁書陵部蔵）

語らせ、日本の王権＝天皇を「聖王」（聖徳の君主）と位置づけ、その「神国」といった特異な古代国家を観念的に創出するためのものであった。

このような古代王権論からの読み解きができるであろう。

百済・高句麗の滅亡以後の新羅との外交関係を通覧すると、六六八年から大宝律令の制定にいたる三十余年間に、新羅からの朝貢使は三十回以上におよび、大宝元年（七〇一）正月元日、大極殿に列した「蕃夷《ばんい》の使者」には、蝦夷・隼人らとともに新羅使の一行がいた。とくに新羅王は、天皇の「愛子」（『続日本紀』大宝三年閏四月辛酉条）と同じで、なお新羅を蕃国と見なす日本型の華夷《かい》思想が意識されていたのである。

このような対新羅認識を歴史的前提としたところの、神功皇后三韓征伐神話と新羅王の発言であったことを見逃してはならない。

「神国」の淵源は、まさにこの一点にあった。

清和天皇と宇多天皇

『日本三代実録』貞観十一年（八六九）十二月十四日条には、清和《せいわ》天皇の伊勢大神宮奉《ほう》幣告文《べいこうもん》が載せられている。そこには、

然《しか》るに我が日本朝は所謂《いわゆる》神明の国なり、神明の助け護り賜ふは、（中略）我が朝の神国と畏《おそ》れ、憚《はばか》れ来れる故実を澆《そそぎ》たし失ひ賜ふな、

とあって、新羅の賊舟（海賊船）が博多湾に襲来し貢調船《こうちょうせん》の絹布を略奪したこと（「兵寇《へいこう》」「兵乱」）と、肥後国や陸奥国でおこった地震など、外患と内憂にたいして、伊勢・石清水・宇佐などの諸大社に朝廷の遣使奉幣がなされた。

『日本書紀』の故実をうけて、神明の助け護り賜う国、すなわち「神国」をもって抗《あらが》わさせようとしていたことがわかる。神明擁護を強調することによって、神の加護と神の意志を政治の場で実現できるものとして、「神国」を宣揚した点が注目できる。

ことに十二月十九日付けの石清水八幡宮への奉幣告文には、「石清水の皇大神」とみえる。神功皇后の神話が真実として語られ、八幡神に結ばれた応神天皇の神威にすがろうとしたところが興味深い。

ところが、律令国家が正史として編纂した六国史《りっこくし》には、右に紹介した『日本書紀』と『日本三代実録』との二箇所だけにしか、「神国」の記述はたしかめられない。ということ

は、『日本三代実録』は十世紀初頭の成立だから、そこにいたるまでのあいだ、政府の国史ではことさら神国を主張するような国土観や国家論、およびその基層となる歴史観が、いまだ定着していなかった、といわざるをえないのである。

ただし、『宇多天皇御記《うだてんのうぎょき》』仁和四年（八八八）十月十九日条には、「我が朝は神国なり、毎朝より四方大中小天神地祇《てんしんちぎ》を敬拝す、敬拝の事始め、今より後一日として怠ることなしと云々」と記されている。

宇多天皇の代にはじめて、四方大中小の天津神《あまつかみ》（天高原《たかまのはら》系の天皇の祖先神）と国津神《くにつかみ》（芦原中国《あしはらのなかつくに》の土着神）を毎朝敬拝することになった。その理由として、「神国」が説得的に主張されていた点がわかる。宇多天皇が譲位に際して幼少の醍醐《だいご》天皇に書き贈った『寛平御遺誡《かんぴょうのごゆいかい》』にも、「毎日服を整え、盥嗽《かんそう》し神を拝む」とみえ、天皇の神祇崇拝の作法が知られる。なお順徳《じゅんとく》天皇によって撰ばれた『禁秘抄《きんぴしょう》』の「恒例毎日次第」には、この作法がやや詳しく書かれていて、「神宮・内侍所已下御祈禱《ないしどころ》」「八幡・賀茂等殊神なり」とある。

ここで注視すべきは、「護り賜う神」を天皇みずからが「敬拝」したところにある。つまり天皇が日々拝む（オガム）ところの、対象化された「天神地祇」の誕生と見なすことができよう。またそのはじまりが、宇多朝であったことに関しても着目しておかなければならない。

『日本書紀』以降、清和朝まで「神国」の語が六国史にみえない。このことから、神祇信仰を重視する「風儀」と神国思想とはあえて乖離しあっていた、と指摘されている。とすれば、神国思想が神祇信仰と不離の関係をもつのは、清和朝から宇多朝であったことになる。たしかに、清和朝における天皇直轄祭祀制の確立、宮廷内神事の優先、仏事停廃、毎朝神拝、大神宝使の制の創始、賀茂臨時祭の成立というように、「神国」意識が神祇崇拝・敬神観として顕現してきたことは、すでにいわれているとおりである。

さらに、長承元年（一一三二）に成立した『拾遺往生伝《しゅういおうじょうでん》』の宇多法皇の項に、「昔は四海の灌頂《かんじょう》を受けて、日域の王たり、後は三密の灌頂を受けて、月輪の主たり」とみえる。筆者の算博士《さんはかせ》、三善為康《みよしためやす》によれば、宇多天皇は即位灌頂の修法《すほう》をして日本国王となり、のちには東寺において灌頂をおこなったと伝えている。

灌頂とは、仏弟子の頭頂に四海水と呼ばれるものを注ぐ密教の儀式だが、古くインドでは国王の即位式でおこなわれていた。宇多天皇の灌頂の史実を証明することはできないけれども、このような四海領掌の神祇灌頂《じんぎかんじょう》の伝説が宇多法皇の往生伝に物語られたことは、神国論と神祇観との不即不離の関係とともに、あとでふれる「仏国」の認定をもあらためて考えあわせたときに、重要な史的意義をもたらすのである。

王朝国家と神国

しかしながら、史料を見わたした範囲では、権大納言正二位、書家として著名な藤原行成《こうぜい》の日記『権記《ごんき》』長保二年（一〇〇〇）正月二十八日条に「我が朝神国なり、神事を以て先となすべし」と書かれるまで、十世紀において「神国」の史料を確認することはできない。いわば史料的空白といわざるをえない。したがって、神祇崇拝と神国の語を喧伝し、朝廷における神国国土観を強調するような段階にはいたっていないと推察されるのである。では、王朝国家としての神国論の成立を、はたしていつの時期に求めることが正しい理解なのであろうか。

ここで結論を先取りし、仮説として述べておきたい。すなわち、十一世紀末以降の院政期、中世王権の確立と軌を一にして、国家・国土イデオロギーと見なされる神国論が形成された、と想定されるのである。その歴史的前提から導きの糸を探ってみよう。

長元元年（一〇二八）、伊勢神宮の神託事件がおこった。右大臣藤原実資《さねすけ》の日記『小右記《しょうゆうき》』同年八月四日条には、「帝王敬神の心なく」「百王の運已《すで》に過半に及ぶ」とみえる。神事の違例、神宮への幣帛《へいはく》の減薄、神領民の殺害訴訟の遅延、斎宮寮《さいぐうりょう》長官夫妻の呪術行為などを契機として、内宮の別宮から斎王《さいおう》にたいして託宣が提出された。本来無限の意味をもった「百王」の語が、王の治世は百代で限りがある、と読みかえられたとする見方がある。祭祀神事を疎かにする帝王を戒めた託宣であった点、また天皇の代始めの行幸をおこなうなかで、近京の寺社を中核とした神祇政策への反動として目された点は見逃せない。

この時期、摂関は藤原頼通《よりみち》であった。このような神託事件の後、長元四年八月の国忌《こっき》にかかわる伊勢使の宣命に、「本朝は神国なり」（『小右記』同二十三日条）と記された。おそらく、天皇と天照大神、国家と伊勢神宮との新たな関係性の構築の過程で、朝廷において「神国」が再確認されたものであったろう。

さらにまた、参議兼春宮権大夫藤原資房《すけふさ》の日記『春記《しゅんき》』長暦四年（一〇四〇）八月二十三日条には、伊勢の外宮が顚倒したことをうけて、「鬼《き》神冥助《じんめいじょ》を垂《た》れざれ了《おわ》んぬ、此の国是れ神国なり、本より警戒は厳しかざる、只彼の神助を憑《たの》むなり」とあった。鬼神の災厄にたいして、「神助」を憑むことの根拠に神国を語らったことが判明する。平安後期に成立した『扶桑略記《ふそうりゃっき》』に引用されている「寛平御記《かんぴょうぎょき》」寛平元年（八八九）五月二十八日条にも、「国内神祇を憑み奉り、今に怠《おこた》りなし」とみえる。

ここでは、神国の言葉にかかわって、「神祇を拝む」（オガム）作法から「神助を憑む」（タノム）行為への神祇信仰観の転換に、とくに留意しておかなければならない。

親政から院政へ

十一世紀後半、とくに後三条《ごさんじょう》天皇の親政期において、延久二年（一〇七〇）に石清水放《ほう》生会《じょうえ》を勅祭《ちょくさい》としたように、国家的な祭祀が朝廷による神祇政策の一環に位置づけられていった。その一方では、石清水八幡宮側によって、八幡大菩薩（延暦二年〈七八三〉に八幡神が大菩薩と称され、のち九世紀半ばころに応神《おうじん》天皇御霊となる）が百王の祖、と主張されたように、新たな王権神祇神話が創出されていったのである。

このような祭祀政策や神祇思想上の環境を背景にして、朝廷政治の国政の場に、新たな院政が登場した。

白河《しらかわ》院政の時代、「神国」の語が記されている、次のような二つの告文《こうもん》（天皇が神に告げ奉る起請文《きしょうもん》）が書かれた。ここに抜粋してあげておこう。

①寛治四年（一〇九〇）十二月白河上皇告文

又去る十一日より心神不豫《ふよ》なり、卜筮《ぼくぜい》の告ぐる所、或いは咎祟《とがたた》りあり、抑《そもそ》も本朝は神国なり、厄会を転じ、病患を除き給うことは偏《ひとえ》に厚き御助、

②保安四年（一一二三）七月白河法皇告文

抑《そもそ》も我が朝は神国なり、鎮守の誓願長く垂れ無窮たり、神は非礼を享《う》けざれば、恣《ほしいまま》に非道を以て訴えを致せる党類（中略）神力を加えて、此くの如きの衆徒《しゅと》の中に、

暴悪の輩を懲粛《ちょうしゅく》せしめて、　　　　（①②ともに『八幡宮告文部類』）

この二つの告文は、ともに石清水八幡宮の宝前に奉じられたものだ。①は、白河上皇自身の病気に関し、咎祟りの卜筮があって、厄会・病患を除くために八幡神の「御助」を祈誓した際に、「神国」の語が表明された。いわば王の身体の快復を「神国」の加護に託して、八幡大菩薩を憑《たの》み、その厄を払い除けることを願ったのである。

また②は、白河法皇が告文のなかで延暦寺の僧徒騒擾の静謐《せいひつ》を祈誓している。「神国」では祀るべきでない人が神を祀ってもその心をうけない、といった託宣の「神力」をもって、「非道」「暴悪」なる「衆徒」（いわゆる僧兵）の「懲粛」を願っている。

白河院が意識した「神国」の言説は、王の身体を救済する神威や、反抗勢力を調伏し治罰する神力を導き出すものであった。したがって、かかる神国観は王権と一体的に理解されていたということができる。王権と国家とを結びつける、政治イデオロギーとしての神国論の成立を措定しておきたいと考えるゆえんがここにある。いいかえれば、神国の国家観に裏打ちされた院の王権が、観念上、創出されたことを意味しているのである。

保延五年（一一三九）四月、石清水八幡宮寺の宝前に奉じた鳥羽上皇の告文にみるように、藤原得子の安産を祈誓し、「我が朝は神国」であるから「神明の加護」を仰ぐ、としく院みずからが憑んだことからも想定できよう。

これらを要するに、院の身体といい、皇族の健康といい、神国の体制のなかの核となる存在として院を位置づけたこと、院による王権形成の過程で、このような神国国家を立ち上げることが希求せられたということができるのである。

神国の整形

さらに十二世紀を通して、平安末期から鎌倉初期にかけて、神国の原型（プロトタイプ）がととのえられていった。

「神国」と書かれた史料の記述からその言説上の特質をまとめてみると、左記のように、AからFの六つに分類することができる。

（A）　神事と仏事の分置の認定が、「神国」を語って強調されたこと。

たとえば、長承元年（一一三二）十月五日付けで出された神祇官の騎馬行幸事に関する請文《うけぶみ》（『朝野群載《ちょうやぐんさい》』）には、「右、我が朝は神国なり、敬神を以て先となすべし」とみえる。この記述は、前に紹介した『権記』ですでにたしかめたとおり、崇仏より敬神を先とする、根本に「神国」を据えた論述であった。

ついで、左大臣藤原頼長《よりなが》の日記『台記《たいき》』、その康治元年（一一四二）十一月二十三日条を引用しておこう。

月内散斎《さんさい》なり、而《しか》して殿下、僧等参入、御講を行わること如何、余中心案ずる所、説くべからず、説くべからず、日本は神国なり、天子の政を摂行す、斎月に仏事を行うは、公私尤《もっと》も恐れあり、然《しか》れども口外に出さず、

散斎すなわち神事の前に斎戒をする荒忌《あらいみ》に際し、実兄の関白忠通が僧侶を入れて講説をさせた。まったくもって筆舌に尽くしがたい。日本は神国であり、関白は天子の政道を代行しているわけだから、神事と仏事にかかわる公私の立場を弁える必要がある、と政治闘争の相手であった忠通を痛烈に非難した。

頼長は兄忠通から藤原氏の氏長者《うじのちょうじゃ》の地位を奪い取り、「悪左府《あくさふ》」と畏称され、世に勇名を馳せた権力者だったが、その一方で頭脳明晰、かれの博識は誰もが評価するところであった。ここでは、斎戒と僧侶の講説の接触を避けるべきはずの儀礼・作法を指摘したものので、神事と仏事との差別化を神国論の立場から主張していたのである。

（B）　寺社勢力の教説のなかで、「中世日本紀《ちゅうせいにほんぎ》」という神話が創造され、「神国」と「神道」があわせて喧伝されたこと。

伊勢内宮の神主荒木田《あらきだ》氏が代々書き継いだ史書『太神宮諸雑事記《だいじんぐうしょざつじき》』は、おそくとも十一

世紀末期には成立していたと考えられている。そこには、用明《ようめい》天皇二年（五八七）、仏法を修める聖徳太子と神祇をまもろうとした物部守屋《もののべのもりや》とが争った記述がある。わが本朝は神国であるから、仏法を停止しなければならない。そこで守屋が、太子を誅殺しようとしたと物語っている。守屋と蘇我馬子《そがのうまこ》との崇仏論争は有名だ。用明天皇の死後に穴穂部《あなほべ》皇子を擁立しようとして、馬子によって滅ぼされたことは『日本書紀』から知られるとおりである。

もちろんその「神国」の語は、『太神宮諸雑事記』において新たに挿入されたものであったけれども、神祇信仰をめぐって右のような読み直しと創作が、平安後期以後、寺社権門側から推し進められていったことは特筆されるべきである。

その『太神宮諸雑事記』とひとしく、中世日本紀の神話が『東大寺《とうだいじ》要録《ようろく》』にも収められている。

天平十四年十一月三日、右大臣正二位橘朝臣《あそん》諸兄《もろえ》、勅使として伊勢大神宮に参入す、天皇（聖武）御願寺建立せらるべきの由祈らるる所なり、（中略）同十一月十五日夜、示現《じげん》し給ふ、帝皇御前に玉女坐《ま》し金光《こんこう》を放ちて宣《のたまわ》く、当朝は神国なり、もっとも神明を欽仰《きんぎょう》し奉り給ふべきなり、しかして日輪は大日如来なり、本地は盧舎那《るしゃな》仏《ぶつ》なり、

東大寺の編年史料集であるこの書は、十二世紀初頭に成立した。おそらくは『太神宮諸

雑事記』とほぼ同時期に、『東大寺要録』が編纂されはじめたものとおもわれる。勅使の橘諸兄が伊勢大神宮へ参拝した直後、聖武天皇の御前に「玉女」（道教でいう仙女、天照大神かも知れない）が座して、金光を放ちて託宣を下した。本朝は神国であり、神明への崇敬はごもっともだ。日輪すなわち天照大神の本地は大日如来、すなわち盧舎那仏が本地仏である。聖武《しょうむ》天皇は、そこで大仏の建立を決意した、と語っている。鎌倉期の『東大寺記録』にもまた、伊勢大神宮は「神国の大本」とみえる。

本地垂迹説より導かれたところの大仏造立の神話が、伊勢神宮側と東大寺側とによって、たがいに協調して補完しあいながら生み出されていったわけだ。

日本の神道の立場からは、伊勢神宮において「神国の道」が明示され、こころ正直をもって清浄となす旨が説かれた。文治四年（一一八八）以前に成立した『天口事書《てんこうことがき》』に、

> 正直《マスク》を以て清浄となし、或いは一心定準を以て清浄となす、或いは起生出死を以て清浄となす、専ら精明の徳を致し、須《すべから》く二法を分かたざるべし、共食の一水の軌に其心を匡《ただ》す、神国の道に至らしむ、

とみえる。正直と清浄と徳との三つが結ばれ、神国への道（作法）が神道説として教示された。鎌倉後期に卜部《うらべ》兼方《かねかた》によって著された『日本書紀』の注釈書『釈日本紀《しゃくにほんぎ》』では、天皇神話の神々を示して「神道」と解き、そう呼んでいた点を付け加えておきたい。

院政前期に創成されたところの、本地垂迹説にもとづく天照大神と盧舎那仏との合体説は、神領興行や東大寺復興といった現実の利益を誘導するための、新たな縁起の神話づくりでもあったのである。

（C）文明としての仏教にたいし、異教かつ野蛮な「神国」としての位置づけがなされていたこと。

『今昔物語集』は、本地垂迹説の進行するなかで、本朝の神々をあえて排除して、仏法の優位を念頭におきながら、十二世紀前半までに編まれた説話集である。その『今昔物語集』巻三第二十六話には、次のような話が挿入されている。

迦旃延《かせんねん》の云く、「彼国は神国にして未だ嘗《かつ》て仏法の名字を見聞せず、只、昼夜に常に畋猟《でんりょう》・漁捕を以て所作とする国なり、何か教化せん」と、

岩波日本古典文学大系本の頭注によれば、「神国」とは、「仏教を信奉しない国という意味でいったものであろう」との説明がある。また「神国」とはもともと「土俗の神を信ずる国」のことであったとの見解もある。参考となる指摘だが、この物語の叙述の基調には、まちがいなく仏教的な世界観のもとで、仏教国（文明）対神国（野蛮）の恣意的な意図があったといえる。

同じく巻七第三話をみてみよう。

震旦《しんたん》の預州に一人の老母有けり、若きより邪見深くして、神道《ジンダウ》に仕へて三宝を信ぜず、世の人挙《こぞ》つて此れを神母《しんぼ》と云ふ、三宝を嫌むが故に、寺塔の辺に近付けず、若《も》し道を行く時に僧に値《あい》ぬれば、目を塞《ふさぎ》て還《かえ》りぬ、

神道とは、三宝（仏教）の立場からしたら、異端・異教の思想であり、鬼神を信ずる宗教であった。仏教を象徴する寺塔に近づけず、仏僧と目を合わすこともできない、異教徒にたいする差別と迫害の心持ちが訴えられている。中国仏教の霊験記『三宝感応要略録《さんぽうかんのうようりゃくろく》』が説話の下敷きとなっていたようなので、試みに現在ももちいられている中国の辞書『漢語大詞典』によって「神道」をひいてみた。「神明の道」や「神祇」、「墓道」（神行の道）といった意味で解されている。とすれば、鬼道といった仏教上の説明だけではなく、儒教や道教でいうところの語義も知っておかなければならない。

（D）　公家社会において、神国国家の自覚的な言説が誇張されたこと。

十二世紀半ば、藤原伊通《これみち》によって書かれた『大槐秘抄《たいかいひしょう》』では、対外関係を問題視したところの「神国」の自覚的言説が認められる。

帥大弐《そちだいに》に武勇の人なりぬれば、かならず異国おこると申候けり、小野好古《よしふる》が大弐の時、

隆家《たかいえ》が帥の時、とり分と異国の人おこりて候なり、かれらはたゞわが心どもの武をこのみけるに候、今平清盛大弐にまかりなりて候、いかゞと思ひ給ふるに、高麗に事ありと聞候、高麗は神功皇后のみずから行むかひてうちとらせ給たるくにに候、千よ年にや成候ぬらむ、東国はむかし日本武尊と申人のうちたいらげ給ひて候なり、それは日本の内事に候、高麗は大国をうちとらせ給ひて候を、いかに会稽《かいけい》をきよめまほしく候らむ、然れども日本をば神国と申て、高麗のみにあらず、隣国のみなおちて思ひよらず候なり、鎮西《ちんぜい》は敵国の人けふいまにあつまる国なり、

これは太政大臣であった伊通が、二条天皇に献呈した教訓の書であった。ここでは大宰府の帥や大弐のことが述べられている。

任命された武勇の士と対外関係におけるある種の緊張、その危うさにふれて、とくに飛ぶ鳥を落とす勢いの平清盛についても、武威が先行する武家権力の急成長にたいする危機意識を持ちながら、なお外交の安定を望む必要性が説かれた。

対外的な脅威を反転させて、いわば「内なる脅威」へ、すなわち「神国」の矛先が武家の台頭に向けられた際に、かかる神国観が登場したと読むこともできよう。

（E）　神国と徳政とが不可分の関係として結ばれたこと。

院政期には、白河法皇が嘆いたという「三大不如意《ふにょい》」の一つ、「山法師」(延暦寺大衆《だいしゅ》)に代表されるように、寺社側の列参強訴がしきりにおこなわれた。もちろん通常の寺社訴訟も頻繁におこされていたわけで、朝廷に聞き入れられないばあいや、または訴訟を有利に導くようなばあいには、神輿や神木をかついだ強訴が勃発したのであった。寺社領をめぐる土地訴訟や堂塔伽藍《がらん》の再興の経費負担を主に要求する寺社勢力の訴訟では、常套手段のようによく神事違例を楯にして、その神慮や神威がかかげられた。

時には「神国」を語らい、朝廷の「徳政」を要求するような意見も出された。

兵部卿平信範《のぶのり》の日記『兵範記《へいはんき》』仁安三年(一一六八)十二月二十九日条をあげよう。

左大将藤原朝臣《あそん》定めて申して云く、本朝は神国なり、国の大事祭祀に過ぎることなし、而《しか》して近年神事ややもすれば違例多し、其の神を恩《いつく》しみても、あに感応有ることを享《う》けむや、(中略)若し徳政を行はざれば、また神慮に叶はざるか、

伊勢大神宮火災について、その再興にかかわる徳政を審議するなかでの発言であった。本朝は神国であるから、国家の祭祀に違例があってはならない。神徳を感応するため、神慮のために、神事興隆の「徳政」が朝廷によって実施されることが望ましい、と迫ったのである。

朝廷にかわって、国家安寧を鎮護する権門寺社における神事興隆や神領興行は、国家の

盛衰にかかわる最重要課題であり、そのためには王権の意志にもとづく徳政（仁政）は欠くべからざるものである、とする寺社側の論理が伝わってくる。

（F）「神国仏地」や「神国仏国」といった国土・国家論が登場したこと。

十二世紀半ば以降の古代末期には、本地垂迹説にしたがって神国仏国論が説かれた。たとえば天養二年（一一四五）、紀伊国大伝法院の陳状《ちんじょう》や、応保二年（一一六二）の同じ大伝法院僧徒の解状《げじょう》に、「神国」をもって「仏地」となすとみえ、またその他の表白《ひょうびゃく》には「崇神」によって朝務をなし、「敬仏」をもって国政をおこなうことが書かれていた。いわば「神国仏地」の国土論の表明だ。

表白とは、法会に際し導師が読誦《どくじゅ》したところの、いわゆる法要・祈願の趣意書にあたる文章だ。保元・平治の内乱期、朝廷を掌握した藤原通憲《みちのり》（信西《しんぜい》）の子、山門の天台僧にして唱導《しょうどう》の大家で、『玉葉』承安三年（一一七三）五月二十三日条にもみえるとおり、後白河院の導師としても名高い澄憲《ちょうけん》（安居院《あぐい》法印）、その編著『転法輪抄《てんぽうりんしょう》』は、ことに注目すべき史料である。

すなわち治承四年（一一八〇）、院十座仁王講《にんのうこう》の表白には、「我が朝は是れ神国なり、崇神を以て朝務をなし、我が国また仏地なり、敬仏を以て国政をなす」とある。仁王経は、天下泰平・宝祚延長・万民太平の経典であった。この年、頼朝・義仲をはじめとする源氏が挙兵し、源平の争乱（治承・寿永の内乱）に突入した。院は仁王経の表白を捧げて、天下国家の安全を祈念した。その文言にやはり、「神国仏地」のわが国土が喧伝されていた。また同じころ、武家の逆乱を祈攘するための四天王供養の表白にも「夫《そ》れ我が大日本国は神明の統を伝え、本是《もとこ》れ神国なり」とみえる。四天王は仏法の守護神であった。

神国であるから崇神をもって朝廷の国務が遂行され、さらには仏地でもあるから仏を敬いながら国政を執行する、といった「神国仏地」論の誕生だ。

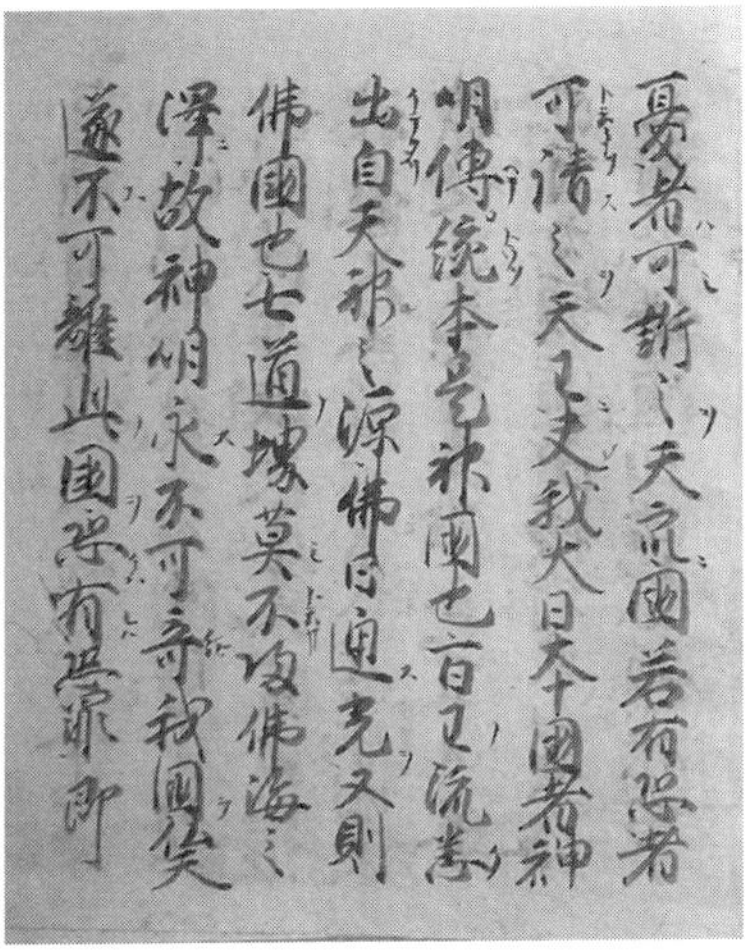

「四天王供養表白」
（『転法輪抄』、称名寺蔵
〈神奈川県立金沢文庫保管〉）

そればかりか右の表白には、「百王の流れ悉《ことごと》く天神の源より出たり、仏日光を通すはまた則ち仏国なり」と書きつがれている。この考え方は、とくに戦国期以降に誇張された国家論の枠組み、いわゆる「神国仏国」国家論の原型であったと見なされる。

ちなみに嘉暦《かりやく》本『日本書紀』には、金沢称名寺二世長老剱阿《けんあ》の奥書が収められている。「我が邦是れ神国なり、崇神を以て朝務をなし、我が国また仏地なり、敬仏を以て国政をなす」と、表白とほぼ同文が記されていた。この「神国仏地」論もまた、安《あ》居《ぐ》院《いん》流《りゅう》唱導（説教）の『転法輪抄』などの相伝とともに、中世へと継受されていったことはまちがいない。

末法思想と神国の成立

神国の成立についてこれまで述べてきた論点を要約すると、十一世紀第四四半期の白河院政期から十二世紀にかけて、朝廷内や貴族社会、また権門寺社のあいだをめぐって、神国の国土観や神国国家論の言説が、政治的および宗教的に増幅し、拡張されたということができる。

神祇信仰の面ではオガム（拝）神からタノム（憑）神への転換、院の王権と国土とが結ばれた政治的イデオロギーとしての神国論の形成、武家の台頭に対抗した公家たちの神国発言、寺社勢力側の「神国」と「徳政」を結合させた強訴の論理、それらは朝敵を調伏する神力をも発揮するけれども、顕密の寺社勢力側によって生み出された新たな教説・神話へと神祇を取り込んで、権門寺社側の正当な宗教イデオロギーとしての神威をも発揮させたのである。

いわゆる王法仏法相依説《おうほうぶっぽうそうい》を基盤とする朝廷と権門寺社との不即不離の構造は、神国論によって神祇の面からも補強された。そのことは、永承七年（一〇五二）、わが国では末法の世にはいったとする、末法的な歴史世界観とも無縁ではなかった。

周知のとおり、末法思想については多くの研究蓄積がある。たとえば、荘園公領制の支配イデオロギーである王法仏法思想は、十一世紀末から十二世紀初頭にかけて、王土《おうど》思想（天命による王の専制統治観念）が本地垂迹説によって裏打ちされることで、体制的に確立したと説かれている。

またこの時期の起請文の成立にかかわっては、十二世紀前期には荘園内の住民側が起請文を書いて領主へ提出した事実がたしかめられる。また平安末期から鎌倉期には、「神仏の罰を蒙る《こうむ》」「無間地獄に堕《お》ちる」といった起請の詞《ことば》を載せる請文《うけぶみ》が一般化した。荘園領主である寺社勢力側が、末法思想と神仏の呪術的なイデオロギーを武器に荘園の住民を支配し、精神的な呪縛をかけたともいわれる。

放生会に代表される殺生禁断《せっしょうきんだん》の仏教的な慈悲観念も、神と仏の体系のなかで棲み分けられたイデオロギー支配の一つとして効力をもっていた。しかし、百姓ら在村の住民も集団的かつ主体的に起請文を書いて領主側と交渉し、新たな契約を結んで、中世を通じて荘郷の自立化を推し進めていった。このような社会的な気運を背景にして、そこに鎌倉新仏教を受容するような社会思想的な環境が、徐々に準備されていったと考えられる。

その一方で、院政がはじまったころにおいては、武家の台頭に顕著なごとく、王朝の穢（ケガレ）忌避観念の強制力がしだいに衰え、ケガレのタブーを黙殺しなければならないような暴力的な場面がしばしば生じてきた。貴族社会における穢の法社会的規制秩序が、弛緩しはじめていた点は否めない。このような公家秩序のゆらぎの状況に導かれ、末法思想と本地垂迹説を骨格とし、寺社勢力と結合した王法仏法相依説が宣揚され、なお王権神話が再構成されたと見なされる。

そして、院政前期に天神（神世）七代、地神五代、人王（人皇）といった新しい「神統《しんとう》譜《ふ》」が成立し、中世に定式化されていった点がとくに注目される。天照大神が地神初代とされ、「神国」の最初の統治者として出現したとする説は、「神国思想」の重要な理論的到達点であったと考えられている。

院政期におけるこのような政治的、社会的、宗教的な思想環境のなかで、かかる神祇崇拝を作法とする神国観が形成されたことは疑いない。朝廷においては王権論と結ばれ、寺社権門では王法と仏法の相互補完説を強固なものとし、公家側は武家の台頭に抵抗する論理として、「神国仏地」といった国土観や、「神国仏国」とする観念的な国家論の枠組み（パラダイム）が創出されたのであった。

第二章　中世につくられた神国

神国の戒律

鎌倉時代の社会や国家を考えるばあい、東国と西国、北方世界と南方世界といったような地域性（仮説的空間）を比較しながら歴史的な課題を設定すること、そして、「権門」と呼ばれた権力体、すなわち旧仏教といわれた寺社勢力、王朝貴族の公家、新興勢力としての武家・幕府、これら三者の鼎立にかかわる枠組みを見逃すわけにはいかない。

ここではまず、寺社勢力についてみておこう。

南都興福寺に修学した法相《ほっそう》僧貞慶《じょうけい》（解脱《げだつ》上人）が、建久九年（一一九八）十一月七日付けで、笠置寺《かさぎでら》の興隆に関する願文を書いている。東大寺所蔵の『讃仏乗抄《さんぶつじょうしょう》』に収載されたその長文の願文の部分を抜粋して引用すると、「我が大日本国は、天祖降跡し、人主の布政以来、徳安道に至り、王化久しく伝ふ」「仏子神国において生を受け、釈門《しゃくもん》において形を解く」「ここに吾が朝の濫觴《らんしょう》を尋ぬれば、皆天照大神の開蓋《かいがい》たり」「般若《はんにゃ》は是れ神道の上味なり」などと述べられている。

神国に生まれて仏門に身をおいた解脱上人がいうには、大日本国は天照大神によって開かれて以来、天祖降臨して天子が徳をもって安定して治めたがゆえに、王権が伝えられてきた。「般若」（最高の真理）は、神道の「上味」（正味、正物の内容）である。さらに「和光同塵《わこうどうじん》」（本地垂迹）にして「善知識《ぜんちしき》」とならん（本地の仏・菩薩と結縁し、高徳の解脱者となろう）、と祈願したのであった。

また笠置寺十三重塔の呪願文《じゅがんもん》にも、「我れ神国に生まれ、苟《く》しくも人倫に列す、重ねて釈門に入る」と、ひとしく神国に生まれ出家したこと、そして「此くの如く少国より、漸《よう》や く塵刹《じんさつ》に及び」（小塔を建てて、小国にも漸くわずかに仏法を得た）と、仏教的な世界観にもとづいて、日本を小国と見なす劣等認識が謙虚に吐露されている。

平治の乱で敗死した藤原通憲《みちのり》（信西《しんぜい》）の孫であった解脱上人は、建久三年（一一九二）には笠置寺に隠遁し、法相と律を修め、戒律の復興をしきりに唱えた。元久二年（一二〇五）、「興福寺奏状《そうじょう》」を書いて浄土宗の専修念仏《せんじゅねんぶつ》をきびしく批判し、朝廷へかの処罰を訴えたことはよく知られている。

当代随一の学者との誉れ高き祖父にも似てか、「顕賢《けんけん》」と称されるほどの博学の貞慶は、仏法世界では小国の日本にあって、天照大神の開闢《かいびゃく》にかかる神国論を礎とし、本地垂迹説にしたがって旧仏教の興行をはかった。貴族のなかから多くの高僧が登場したけれども、貞慶のばあいは、公家の神国観と仏法世界の宗教理論とが、個人のなかで結晶せられた典型であった。南都の旧仏教側の改革派の旗手として、神国論をかざしながら、仏法の戒律の必要性を朝廷にたいして強く主張したのである。

訴訟の論理

建仁二年（一二〇二）、越後国沼垂《ぬたり》郡豊田庄在国の近江日吉《ひえ》社の大津神人が、地頭の開瀬義盛によって捕縛され、私宅・神物を没収、刃傷された事件がおこった。この事件について大津神人が本社の日吉大社に訴え出た解文《げぶみ》には、「王治王法の事、将《まさ》に仏法の力により、神威《じんい》を失はば、朝家を侮《あなど》る故なり、なかんずく、日本は神国なり、神は護国を克《よく》するの故なり」と記されていた。王法仏法両輪説にしたがって、神威の衰えを朝廷の侮りといい、神国ゆえの護国を楯にして、武家地頭方の非法を訴えたことが判明する。

新仏教を排斥する強訴の論理のなかでも、「神国」と書かれていた。貞応三年（一二二四年）五月十七日付け、延暦寺の大衆解《だいしゅげ》には、「一向専修の党類は神明に向背し不当の事」

とあって、

右、吾が朝は神国なり、以て神道を敬ひ、国の勤めとなす、謹んで百神の本を討《たず》ね、諸仏の迹《あと》にあらざるはなし、（中略）専修の輩は事を念仏に寄せ、永く明神を敬ふことなし、既に国の礼を失し、（中略）正に神国の法を犯す、寧《なん》ぞ王家の刑を避ける哉、

とみえる。本地垂迹説を楯に、神明をおろそかにする浄土宗の専修念仏の咎を成敗するといった、新興宗教弾劾の論理が導き出せるのである。

法然《ほうねん》を開祖とする浄土宗は、諸行や戒律によって極楽往生を達成する旧仏教側の浄土教思想とは異なり、ただひたすらに「南無阿弥陀仏」の念仏を唱えることを教え、教義の上で諸行を否定した。布教の当初から寺院勢力からの反発は強く、とくに承元の法難といわれるように、承元元年（一二〇七）にはすでに、朝廷によって法然や弟子の親鸞らが流罪に処され、専修念仏は禁止されてしまった。

もっぱら念仏を唱える浄土宗が、なぜ神国の神明に背き、神国の法を犯すことになるのであろうか。どうして、このような神国の論理が考え出されたのであろうか。

法然らが旧仏教の教説を否定したことはまちがいない。そればかりか念仏唯一信仰は、神祇信仰を排除し、神祇不拝を教示したところが、「神国」という国土観を宗教思想にまで引き延ばし、訴訟の論理へと転化させたゆえんであったとおもわれる。北嶺の旧仏教側

の言い分は、神国の明神を敬わず、神国への礼を失った念仏衆の行為が、神国の神仏によって護持された朝廷の成敗の対象となる、といった論拠を導き出していたところにある。たしかに神威の衰退が末法の穢土を招来してしまったのだから、もっぱら念仏を唱えて西方浄土を祈るのだと、王権の支柱を非難しているように解されたに違いない。

ここにいたって、やはり延暦寺の天台教理は、神国論と密着していたことがうかがえよう。のちに「山王《さんのう》神道」と呼ばれるような、神道教説が垣間見えて面白い。それも王法仏法相依説を基盤として、旧仏教勢力の興隆をはかろうとする大衆（衆徒《しゅと》）らの集団的意志の表現であって、王朝の神国と本地垂迹を強調することによって、王法鎮護の存在意義を拡大させようとする企図があったようだ。いわば顕密仏教側が神国論を取り込んで、理論武装していたことが理解できる。となれば当然、「神国」の語が朝廷訴訟の場において、大きな神威を持ち合わせたといえよう。

すこし下って、建長六年（一二五四）、出雲国鰐淵寺《がくえんじ》衆徒らの薬師堂・三重百尺塔婆の勧進状《かんじんじょう》には、「凡《およ》そ我是れ神国なり、当州また神境なり、神は法により威光を倍《ま》す、法は人により興廃致す、寺当山に法堂を建て、当国内則ち仏陀に帰する外、また神慮に順《したが》ふ」とみえる。出雲は「神境」、つまり神の出現した神国であって、寺院の興行において神国の風土を宣揚したものであった。「神は法により威光を倍《ま》す」云々と、後述するとおり

『御成敗式目《ごせいばいしきもく》』第一条とひとしく、人の敬神によって神威は増幅するとの規範が注目できる。さらに伊勢や大和でも称えられた、王朝国家の神国のなかにある、地域国家の「島」としての神境・神国の表現は、封建制国家の範疇の理解に共通していて興味深いものである。

神人と衆徒の争い

嘉禎元年（一二三五）、山城国内にある石清水八幡宮寺領薪郷と興福寺領大住庄とのあいだで、用水に関する相論がおこった。八幡宮側の郷民が、大住庄の住民を喧嘩の末に殺してしまった。その対応について六波羅《ろくはら》探題《たんだい》から鎌倉幕府へ報告がなされ、実検の命令が下り、朝廷も六波羅に出兵を要請した。しかし、興福寺側は衆徒らを派兵して在家を焼き払い、石清水神人二人を殺害するといった報復に出た。これに遅れて到着した宇都宮泰綱らの六波羅武士は、大住庄の責任者であった荘官を生け捕ったが、のちに放免。今度は石清水側が神輿を奉じて、朝廷へ強訴をかけようとした。朝廷は勅使を八幡に派遣するも、追い返される始末であった。薪郷六十数軒の在家家屋の再建、大住庄一円の石清水八幡宮寺神領化、張本人の処罰などを、石清水側は訴えた。

摂政九条道家《みちいえ》を中心とする朝廷側は、閏六月二十七日に因幡国を石清水へ寄進することを約束し、神輿を山上の社頭へ帰還させた。ところが、ふたたび現地で事件がおこってしまう。山柴を刈り取っていた石清水神人の鎌を奪い取った大住庄の住民にたいし、預所《あずかりどころ》職《しき》の代官が興福寺側の神人を捕縛した。そこで興福寺衆徒は、その預所を逆に訴え出たのである。事件はまさに現場でおこっていた。

七月、告訴にこたえた検非違使庁《けびいしちょう》は、預所の代人を禁獄に処したが、興福寺衆徒は春日社の神木《しんぼく》をかかげて強訴の勢いを示した。翌八月に六波羅探題が預所を逮捕、強訴は実行されなかった。その後、石清水側も神人らの訴状を提出したが、解決の糸口すら見出せぬまま、十二月、三度目の紛争がおこった。さらなる境界紛争だ。

翌嘉禎二年正月二十七日付けで、次のような藤氏長者宣《ちょうじゃせん》が出された。ここに「神国」とみえる。

我が朝は神国なり、天照大神は皇孫を以て象中制御《しょうちゅうせいぎょ》の主を定め、八幡大菩薩は余裔を稟《さずけ》る、而《しか》して国の宗廟《そうびょう》たり、春日大明神は、殿内防護の誓いを起こし、家の宗社たり、（中略）衆徒縦《たと》え我が神の我が神たるを知ると雖《いえど》も、争《いかで》か宗廟の宗廟たるを憶《おぼえ》ざる哉、是において両社の諍論の濫觴《らんしょう》、両庄の水論より起こる、

石清水別当の宗清《そうせい》の流罪を要求した興福寺衆徒は、正月二日に宇治平等院の御旅所に春日の神木を放擲して逃げた。右の長者宣は正月十九日から数えて四度目のものである。こ

れによって、神木はようやく春日社へ帰還することになった。

本朝は神国だ。天照大神が皇孫を天主とし、八幡大菩薩は皇統を守り、伊勢と石清水は国家の宗廟である。一方、春日大明神は藤原氏の氏神、藤原家の宗社だ。だからといって、興福寺の衆徒はわが神のためといえども、どうして天皇家の宗廟をないがしろにできようか、と。

かかる神国の言説は、神仏を総括し、朝廷の王権をささえる公家と寺社の権門を接着させる説得力をもっていた。

右の以下省略した箇所には、事件の経過と、宗清の配流、下手人宗種の禁獄、因幡国を石清水社領から召し返すことなど、朝廷が衆徒の要求を全面的に受け入れたかのように書かれていた。

しかし、宗清はいっこうに処分されなかった。七月一日、欺かれたことに気づき激怒した興福寺衆徒らは、春日社祠官・神人を抑えて、門扉を閉め立て籠もった。神木も移して、閉籠強訴したのである。

このとき鎌倉幕府は大和にはじめて守護・地頭を設置し、奈良の通路を封鎖して取り囲む、という強硬手段をとった。興福寺衆徒は、幕府の武力でもって屈服を迫られたのである。十月、結局、衆徒らは退散し、翌月はじめには神木も帰座した。南都の権門寺社が、幕府の直接的な軍事力の前に敗北を喫したのである。

とくに承久の乱の後、このような事件をへて、神国の内なる体制的な危機意識も、しだいに昂揚していったということができる。

小国辺卑の神国

ところで、鎌倉初期、鴨長明《かものちょうめい》によって編集された仏教説話集『発心集《ほっしんしゅう》』では、次のように語られている。

> 小国辺卑の境なれば、国の力弱く、人の心も愚かなるべし、（中略）たとひ仏法渡り給へりとも、悪魔の妨げこはくして、濁世《じょくせ》の今に広まり給はんこと、………しかるを吾が国は、昔伊弉諾《いざなぎ》伊弉冉《いざなみ》の尊《みこと》より、百王の今に至るまで、久しく神の御国として、その加護なおあらたななり、

ここでは仏法的な国土観の視点から、日本は「小国辺卑の境」であると、仏教上の劣等感および辺境的な「国」概念が明らかに示されている。しかしながら、イザナギから連なる百王の皇孫にいたるまで、神国として神々の加護によって、こころの安心を得ていたことが語られていた。

末法思想の浸透とともに、このような仏教的な世界観の思潮はひろまっていったものと

おもわれる。それに向き合うようにして国土観としての神国が説かれ、ここに救済の道を探っていたといえよう。かかる思考は、平安後期から王法仏法相依論を補強するかたちで、さきにふれた「神国仏地」「神国仏国」論を基盤としながら、受け継がれていったものであろう。

たとえば鎌倉中期に成立した『保元物語《ほうげんものがたり》』においても、「我が国は辺地粟散《ぞくさん》の境といへども、神国たるによつて、惣じては七千余座の神、殊には三十番神、朝家を守り給ふ」（将軍塚鳴動《めいどう》の条）とみえる。

また『平家物語』（覚一本）にも、「我が朝は、辺地粟散の境とは申しながら、天照大神の御子孫、国の主として、（中略）天照大神・正八幡宮の神慮にも背かせ給ひ候ひなんず、それ日本は神国なり、神は非礼を受け給ふべからず、」（巻二、教訓の事）と語られていた。やはり中世日本は、「辺地粟散の境」という仏教上の劣等国を認知しながらも、神慮によって守護されるとする、ひとしく本地垂迹説にもとづいた、「神国仏地」の神国国土観が誇張されるような思惟を読み解くことは許されるであろう。

神道書の世界

それでは中世の神道界は、どのように神国を説きながら信仰世界をかたちづくっていたのだろうか。

伊勢神道の側からは、十三世紀初頭の成立にかかる『造《ぞう》伊勢二所太神宮宝基本記《ほうきほんき》』に、

大麻《たいま》、不浄の妄執《もうしゅう》を解除し、清浄を住する本源たるなり、故《ことさら》に謂く、神国の境を鎮護す、福智円満の国、魔縁を鉄際《てつぎわ》に遷《うつ》す、穢悪《えお》を他界に撥《はねかえ》す、己身の清浄の義、蓋《けだ》し滅罪生善の神呪《じんじゅつ》なり、故に祓《はらえ》と謂ふ、

とある論述がまず注意される。伊勢神宮の「大麻」（神符）のご利益説のなかで、不浄を払拭して清浄の本源となる、その清浄観に結ばれた大麻の祓によって魔縁や穢悪を解き放ち、「神国の境」を鎮護する、との解釈を酌むことができる。ここに神道の国土観が表現されていた。

すなわち、伊勢神道の説く日本の国土とは清浄化された境界のことであり、それが神々によって鎮護された国家の神域のことであった。ずばり「神国」の国土論である。

国の領域に清浄が点綴《てんてい》され、神国の境界をかたちづくっていた。いわば国家の安全を保障することを絶対視した神国の論理からすると、蒙古襲来の外圧以前から、ナショナリズムの昂揚がすでに中世国家の体制の内側からはじまっていたということができる。

鎌倉中期に成立したといわれる山王神道の書『耀天記《ようてんき》』では、「山王事」と題し、

四方の神だちの国々所々をとて、王城をまぼり、民宅をはぐくみ給へるを、世の中の

人、日本国は神国となりければなどをもひならはして侍れば、尺《（釈）》迦如来の御本意を知らざる故なり、

と説諭した。本地垂迹説にしたがった神道説を掲げて、四方神によって王城・民宅が加護されるという神国観を世間の「俗説」といいしりぞけ、「釈迦如来の御本意」を強調している。けれども、かかる俗説を権門寺社側がことさら問題視している点を推しはかると、逆にこの時期に公家権門が抱えていた神祇信仰への傾斜と、神国観のひろがりの様相を確認することが可能となる。

だからこそ、虎関師錬《こかんしれん》が『元亨釈書《げんこうしゃくしょ》』に書いたとおり、「三諦即一《さんていそくいつ》」の天台教理と地主神の日吉山王を結びつけたところの、山王神道の学説が脚光をあびたといえるのである。

さらに『類聚既験抄《るいじゅうきげんしょう》』には、「諸国一宮の事」「国々霊神を擁護するなり、日本は神国」と書かれている。ここには、全国の大小神祇を国ごとに統括する諸国の一宮のことが記されているが、中世封建制のもとで、神祇・霊神の鎮護と、それら神仏のヒエラルヒー（階層）によって構成された神国の想念がうかがえるのである。

なおまた、栂尾高山寺《とがのおこうざんじ》の開山、華厳《けごん》僧の明恵《みょうえ》（高弁《こうべん》）上人の伝記『栂尾明恵上人伝記』には、「我が朝は、神代より今に至るまで九十代に及びて、世々受け継ぎて、皇祚《こうそ》他を雑《マシ》えず、百王守護の三十番神、末代といへ共、あらたなる聞へあり」とみえる。

このような叙述を読むと、旧来の伝統的な顕密仏教側の内面では、神国の創造する「百王」「番神」の伝説を評価しながら末世観を克服し、その先にある国家のかたちを発見しようとする、宗教界の思潮を把握できるのではないだろうか。

敬神の面持ち

和歌のなかにも「神国《かみのくに》」が詠み込まれていた。十三世紀前半では、『愚管抄《ぐかんしょう》』を書いた慈円《じえん》が、

日の本は神のみ国とき丶しより　いますがごとく頼むとをしれ　（『風雅和歌集』）

と、神をタノム。

また後鳥羽《ごとば》天皇の父で、承久の乱後みずから土佐への配流を望んだ土御門《つちみかど》院は、

ひかりをば玉ぐしの葉にやはらげて　神の国とものの定てしがな　（『続後撰和歌集』）

と、神明擁護の国といった神国観を詠んでいる。

そこで、この時期に公家が記した「神国」に関し、あらためて史料を追ってみよう。

権中納言三条長兼《ながかね》の日記『三長記《さんちょうき》』建仁元年（一二〇一）七月十八日条に、左少弁親国《ちかくに》神事解怠《けたい》の事として、

去る年歳暮斎宮《さいぐう》の行事を仰せられ、去る四月始めて行事所へ群行す、更に一事沙汰も

致さず、神事の礼甚《はなは》だ以て敬神を忘る、（中略）我が朝神国なり、厳重の神事猶以て懈《け》怠《たい》す、悲しむべし悲しむべし、

と書きのこされている。伊勢の斎宮神事を怠った公家を批判したものだが、神事の懈怠は敬神を忘れたことを意味し、厳重なる神事の執行が「神国」のなかで強調されていた。前に述べたとおり、神事違例を楯にした寺社訴訟が多くおこされたけれども、このような公家の意思の所在を前提にしたものであった。

また、摂関九条道家《みちいえ》の日記『玉蘂《ぎょくずい》』承久二年（一二二〇）四月十三日条に、東宮《とうぐう》の高陽院における「魚味《ぎょみ》の儀」に際し、「斎日魚味の例、公家六斎日に魚味を供す事」として、「我が朝は神国なり、茲《ここ》により当神事魚味を供す、尤《もっと》も謂はれあり、其の外軋《すれあ》い魚味を供し難きか、」と述べられている。皇太子の魚味の祝神事に際し、魚食のことが神国を理由に説明されている点が面白い。仏教国では、殺生として忌避されたということであろうか。

ここで想いおこされることは、神前に供えられる神饌《しんせん》のすがたである。古くは『延喜《えんぎ》式《しき》』にみえるとおり、白猪・白馬・白鶏などの生け贄《にえ》が神に供進せられた。なかには下総国一宮、香取神宮の大饗祭《だいきょうさい》に現在も伝わる、さばかれた鴨の血肉（羽盛《はもり》）を神饌とする例もある。また信濃の諏訪神社のように、御贄狩《みにえがり》によって狩られた鹿肉が供えられるばあいもあった。それも忌火《いみび》で調理されたものではなく、殺生したばかりの生肉である。

生け贄に通じるのかも知れないが、神国の神事には本来、神との共同飲食があたりまえであった。神と人と贄（殺生＝死穢）とが、祭祀の場において不可分の密着性をともなって、いわば「宗教共同体」維持願望にささえられて、生と死の霊魂の一体性が視覚的に表現されていたといわざるをえない。

頼朝と義経

さて、寺社・公家とみてきたが、ついで武威によって武家の権門を立ち上げた、初期幕府の神国観を瞥見《べっけん》しておこう。

源頼朝は寿永元年（一一八二）二月八日付けで、伊勢大神宮に願文を奉納している（『吾妻鏡《あづまかがみ》』）。「神の冥助」の「天運」あるによって、この戦時に生かされている、と祈った。天下の宗廟の伊勢への崇敬、さらには鎌倉の守護神、八幡神への信仰は明らかである。

頼朝の挙兵から治承・寿永の内乱期において、寿永二年十月宣旨《せんじ》の政治的意義の重要性についてはいまさらいうまでもないだろう。平氏の都落ち、木曾義仲の入京・西国への追討、その直後に、頼朝から院庁《いんのちょう》の使者を通じて奏上された「頼朝合戦を進むる所の注文幷《なら》びに折紙等」に、

一、神社・仏寺に勧賞を行はるべき事、右、日本国は神国なり、而《しか》して頃年《けいねん》の間、謀

臣の輩、神社の領を立てず、仏寺の領を顧みず、押領の間、
と冒頭に書かれていた点は、九条兼実《かねざね》の日記『玉葉《ぎょくよう》』寿永二年十月四日条によってわかる。
ここに「神国」とみえる。

平氏の寺社政策の失政を徹底して非難するために、日本国は神国であるから、平氏方の武士によって押領されている神社・仏寺の所領については、院宮の土地とともに返還することが約束された。この誓詞にしたがい、朝廷によって東海道・東山道《とうさん》（のちに北陸道《ほくりく》も含む）エリアの統治権と軍事行使権が頼朝へ許され、なお荘園諸職を本所領主へ返付する宣旨が発令された。荘園諸職の回復運動の政治的契機となった。

ところが、四カ月後の翌寿永三年（元暦元）二月、幕府の正史『吾妻鏡』によれば、頼朝は四箇条の言上状《ごんじょうじょう》を奏上している。正月、義経・範頼《のりより》の軍勢に攻略された義仲は、粟津《あわづ》で討ち取られた。さらに頼朝は、平家党類の討滅、同じく義仲一党を追討すべき宣旨を獲得した。二月、一ノ谷合戦の直後、荘園・公領における諸国の武士の濫妨狼藉行為を停止させ、武力行使の指揮権限が宣旨をもって認められたのである。

このときの奏上では、第一に朝務の事、第二に平家追討の事、第三に諸社の事、第四に仏事の事、というように、神社と寺院とを二つの条に分けて記した。まず「我が朝は神国なり、往古神領相違無く」と書いた。そして平家追討に鹿島大明神が上洛したという風聞

をあえて載せ、諸社の造営・修造を約し、恒例の神事を励行させている。これにたいして、寺院には所領の安堵のことは記すものの、「僧家皆武勇を好み、仏法を忘るるの間、行徳を聞かず」といった僧侶の濫行《らんぎょう》を批判し、頼朝の沙汰として、僧家の武具を法に任せて奪い取ると宣言した。秀吉の刀狩りを先取りしたようなこの政略は、寺院の抱える暴力への挑戦であった。しかし現実には、寺領の回復に較べて、所信表明された寺院への武断政策はほとんど執行されなかった。じつのところは、守護・地頭の設置以降、寺院側から出てくる地頭による荘園押領についての訴訟のなかで、武力の衝突として表面化していった問題であった。

ところで、頼朝のかかる神国の言説の真意は、王朝国家の抱える王法仏法相依説の思潮を追認し、鎌倉の武家権力の武威をもって、朝廷を保護する役割を公言したところにあった。そのことは、公家の心性としてたしかめられた武家への「内なる脅威」を払拭し、「神国」の表明を介して、武家の関東政権みずからが、王朝国家の権門間との位置取りを企図していたものと想像される。

さらにいえば、これからの武家権力が共通して抱え込んでいかざるをえない、朝廷公家と寺社と幕府との三つ巴の神国国家の枠組みの誕生であった。神国国家との距離をいつもはかりながら政権の性格を考え、かかる政策を決定していかねばならなかったのである。

初期幕府の時期にあっては、『吾妻鏡』元暦二年（一一八五）五月二十四日条に収載された、義経歎きの腰越状《こしごえじょう》はあまりにもよく知られている。

数通の起請文《きしょうもん》を書き進ずると雖《いえど》も、猶以《なおもっ》て御宥免無し、其の我が国は神国なり、神は非礼を稟《う》くべからず、憑《たの》む所他にあらず、偏《ひとえ》に貴殿の広大の御慈悲を仰ぐ、

ここにも「神国」とある。頼朝の許しもえず、後白河法皇の「朝恩」により五位の検非違使に叙任された義経は、その外の武将とともに勘気を蒙り、鎌倉への帰還が許されなかった。

とにもかくにも、急遽、東国へ下向した義経は、鎌倉にはいる手前の腰越駅に到着、因幡前司大江広元に長文の書状を託して、兄頼朝のご赦免をまった。牛玉宝印《ごおうほういん》の裏に日本国中の大小神祇に野心なき旨を誓った、数通の起請文を差し出した。神国における信心の礼を尽くせば、八幡大神が頭にやどって感応することができるという八幡神の託宣をひいて、頼朝との仲介者、広元の慈悲にすがった。書面は披露されたけれども、頼朝はなにも仰らなかった、と伝える。義経はあきらめて去った。かかる腰越状には、実否に疑義が出されている。後世の偽作説もある、この文面はよくできている。起請文と八幡託宣の引用などは、疑う余地はあるかも知れない。

十三世紀の後期に編まれた『吾妻鏡』では、神国にこだわった。つまり、腰越状のなか

で八幡託宣のひかれたことが気になったものか、頼朝をして石清水八幡宮に、翌六月五日付けで阿波国三野田保を祈禱のための「神領」として寄進させている。これも『吾妻鏡』だけにみえる文書だ。

右の有名な場面は、もちろん『平家物語』でも、「諸寺諸社の牛玉宝印の裏を以て、全く野心を挿《はさ》まざる旨、日本国中の大小の神祇冥道を請《じょう》じ驚かし奉りて、数通の起請文を書き進ずといへども、なお以て御宥免なし、それ吾が国は神国なり、神は非礼を受け給ふべからず」(腰越の事)と同じように語られている。室町中期ころの成立にかかる『義経記《ぎけいき》』にも、ほぼ同文の「腰越の申状の事」が物語られている。

なおここで注視すべきは、前にもふれたとおり、起請文の神々と神国の語とが文脈のなかで結ばれていた点にある。そのことは、起請文に神文を書くことの作法が普及し、神仏の罰をとくに誇張するところの神祇観が鎌倉後期にひろまったことの証になるであろう。

これらの外には、『吾妻鏡』文治三年正月二十日条に、「太神宮に奉幣《ほうべい》せんがため、伊勢国へ進発す、神国八疋(中略)是れ伊予守義経反逆の御祈禱によるなりと云々」とある。頼朝が伊勢神宮に奉幣し御供《ごく》を進めて、「義経反逆の御祈禱」をした際に、伊勢国のことを「神国」と呼んだ例である。伊勢国は神国日本のなかの中心国としての神国であって、古代からの神郡にくわえて、ここでは中世における領邦的な国土観が垣間見られる。

ともあれ、頼朝にしても、義経にしても、公家や寺社勢力によって創造された「神国」のイメージを認知していた、と語り伝えられている。将軍家は頼家・実朝と三代にして滅亡するけれども、かれら源家の京都への憧憬は和歌などの嗜好とともに、公家思想への傾きをも導いたのであろう。

やはり貴種のなせるわざか。のちの北条執権時代とは異なって、鎌倉殿源氏三代は、「神国仏国」の国家観を脳裏に描いていた、とわたしは考えたい。

承久の乱の動揺

摂関家の藤原忠通《ただみち》を父とし、九条兼実の実弟であった慈円は、頼朝が征夷大将軍に補任された同じ建久三年（一一九二）に、比叡山延暦寺の最高職、天台座主《ざす》に就いた。その後、大僧正《だいそうじょう》に昇り、史書として有名な『愚管抄《ぐかんしょう》』を執筆している。慈円が説諭した、仏教的な「道理」の史観にもとづく王権論は特徴的なものであった。

すなわち、神の意志にかなった天皇を後見する摂政・関白らの貴族が、その神意を代行する。そして君臣の信頼関係を基盤とすることによって、はじめて朝廷の王権が安定すると説いたのである。

神意とは、伊勢や石清水のような「宗廟社稷《そうびょうしゃしょく》」の神慮にあった。したがって、このような道理に背いた後鳥羽《ごとば》上皇は、天道から見放された王である。上皇の姿勢をも非難するこれらの論調が、公武協調路線を主張した慈円の真骨頂だ。

ところで、承久の乱以降の「神国」に関する史料には、注視すべき記述が多い。序文によれば、貞応年間（一二二二〜二四）の成立とされる史書『六代勝事記《ろくだいしょうじき》』には、承久の乱に関する評価が公家の立場から述べられている。

抑《そもそ》も時の人うたがひて曰《いわ》く、我が国はもとより神国なり、人王の位をつぐ、すでに天照太神の皇孫なり、何によりてか三帝一時に遠流《おんる》のはぢある、（中略）心ある人答へていはく、臣の不忠はまことに国のはぢなれば、宝祚《ほうそ》長短はかならず政の善悪によれり、

この論説をひいて、公家権門・顕密仏教の体制的な危機意識と敗北感から、儒教的政道論（臣の不忠、政の善悪）を導き出し、「神国思想」の反動と展開の新たな契機点になった、と見なす考え方もある。たしかに承久の乱における朝廷側の敗北を克服し、「神国」の言説をもって武家に抗《あらが》うためには、新たな儒学的教説を取り込んで理論化をはかったことが予想されるだろう。また王権論としては、右の『愚管抄』に通じる同時代の思考を読み取ることもできる。

仁治三年（一二四二）正月、四条天皇が夭逝した。十二歳であった。

近衛兼経《かねつね》の日記『岡屋関白記《おかやかんぱくき》』貞永元年（一二三二）十二月五日条によれば、四条天皇

のかつての即位にかかわって、天皇には「正直の心を以て」臣下が扶助し奉って政治にあたるべし、とする旨の宣命が発せられたという。父は後堀河《ごほりかわ》天皇、母は九条道家の娘竴子《しゅんし》（藻璧門院《そうへきもんいん》）であった。

院政をおこなった父が没した後は、九条道家と近衛兼経が摂政として朝廷を主導し、政務をとった。その道家に対抗して、幕府は土御門上皇の皇子・邦仁王《くにひとおう》（後嵯峨天皇）を擁立したのである。

このことに関して、道家の側近、平経高《つねたか》の日記『平戸記《へいこき》』仁治三年正月十九日条には、

我が朝は神国なり、異域の風に似ず、茲《ここ》より天地開くの後、国常立尊《くにのとこたちのみこと》以て降る、皆先の主計ひ立ち給はせしむ、不慮の事は、此の限りにあらず、光仁《こうにん》・光孝《こうこう》の二代に至り、群臣議定《ぎじょう》するか、然れども其の趣偏《ひとえ》に天下を安んぜんがためなり、今に群議あらず、異域蛮類の身を以て、この事を計ひ申すの条、定めて廟の冥慮《めいりょ》は如何、尤《もっと》も恐るべし恐るべし、

と、このように幕府が皇位決定権を実際に行使したことへの憤懣が述べられている。幕府のことを「異域蛮類の身」と書き、そのような「異域の風」と対峙されるべき、天地開《かい》闢《びゃく》後の国常立尊の降臨より連綿とつづく、「神孫」の統べる「神国」を強調した。

「神孫」が「人王」として位する「神国」においては、貴族の臣下たちが群議して政事

にあたってきた。しかして天皇・朝廷は聖域であり、東夷の幕府は「異域蛮類」であった。口出し無用、との真意を吐露したかったに違いない。

朝廷・貴族政治へ、皇統関与といった楔を打ち込んできた幕府への脅威、それは公家権門へのいわば「内なる脅威」として顕在化した。国家の体制的な危機意識をもった状況のなかで、ひとしく「神国」を語ることによって、朝廷を「聖」（清浄）なる文明へとたかめ、他方、辺境の幕府を野蛮、つまりは異界の「穢」（不浄）なるものへとおとしめた。神国の言説の矛先は、「内なる脅威」となった武威へと向けられたのである。

『御成敗式目』の制定

その武威を文字通り確立した執権北条泰時《やすとき》の時代に、はじめての体系的な武家法として『御成敗式目』（貞永《じょうえい》式目）が制定されたことは、周知のところであろう。

その式目第一条には、「神社を修理し、祭祀を専《もっぱ》らにすべき事」とあって、

右、神は人の敬いにより威を増し、人は神の徳により運を添え、然《しか》るに則ち恒例の祭祀陵遅《りょうち》致さず、如在の礼奠《れいてん》怠慢せしむることなかれ、

と表明された。神社・神事の興隆を、政道の第一に位置づけたのである。このことは、東国における鎌倉殿（将軍）の諸国祭祀権を法的に確定したもの、と考えられている。さら

にいえば、鎌倉の武家政権が神国国家を認定し、かかる神国内での幕府の位置を統治権者として宣言したものに外ならない、とおもわれる。

さかのぼっては寿永三年（一一八四）三月、京都祇園感神院《ぎおんかんしんいん》（八坂神社）の神官・社僧らの所司は、武士の狼藉に対抗して神事違例を楯に神事をボイコットした。その解状《げじょう》（訴状）には、「神明は人の帰依により其の威光を増す」とみえる。それればかりか、この文書には、源義経が内容を認可したところの「外題《げだい》」（証判）が書かれていた。義経は提出された文書をみて、みずから花押《かおう》（サイン）を据えたのだから、いわゆる神人相依《しんじんそうい》説を認知し、理解していたのであろう。

いずれにせよ、『御成敗式目』第一条目には、右のように神人相依の思考が受け継がれていたことがわかるのである。

この式目の起請文をみると、その神文は国土守護神の梵天・帝釈・四大天王と書きはじめ、日本国中の大小神祇、ことには伊豆・箱根の両所権現、三島大明神・八幡大菩薩・天満大自在天神が列挙されている。ところが、天照大神や春日明神はまったくみえない。

ということは、関東の幕府・将軍家の祈願所への崇敬は明かされていても、天皇家および藤原氏の宗廟への誓約はなされていなかったことが判明するのである。すなわち、鎌倉幕府の神国認識は、朝廷・公家政権と一様に捉えることができないゆえんである。やはり、京都の王権が創造した「神国」とに一定の距離をはかりながら、神国国家の諸権門の枠組みのなかに収まろうとしていたのではないだろうか。

王法仏法相依と神人相依

王権をめぐる公武の力関係の転換は、逆に王法仏法相依論を補強しようとする意思のはたらきに作用した。鎌倉中期の仏教説話『撰集抄《せんじゅうしょう》』にも、

我が朝は是れ神国なり、仏法の仏法たる、是の神の力、王法の王法たる、擁護の神力なり、一天の主、万乗の宝位と仰がれ給へる、天子は忝《かたじけ》なく伊勢太神の御流、（中略）（藤氏・春日の明神）百寮何れが神氏を離し給へるはおはしまさず、

とみえる。すでに神国論が王法仏法相依説を補完する、政治的および宗教的イデオロギーとしての機能を明確に果たすようになっていた。この点に関しては、すでに注視されてきたとおりだ。だがいいかえれば、この『撰集抄』から知られる論理は、「神人相依」説をもって、神だけではなく、天皇の王権そのものを相対化しうる段階にはいったことを示している。

たとえば『保元物語』には、「夫《そ》れ天照太神は百王鎮護の御誓ひ浅からず、しかるにいま二十六代御門をのこしたてまつりて、当今（後白河天皇）の御代に、王法のつきむことの口惜さよ。但

しつらつらことの心をあんずるに、我が朝はこれ神国なり」（新院御謀反露顕の条）とある。『平家物語』にも、「夫れ我が朝は神国なり、宗廟あひならんで神徳これあらたなり」（後白河法皇・福原院宣の事）と、また「平氏王化を蔑如《べつじょ》し、政道にはゞかる事なし、仏法を破滅し王法を乱らんと欲す、それ我が国は神国なり、宗廟相並んで、神徳これあらたなり」（伊豆院宣の事）とみえる。

さらに『源平盛衰記《げんぺいじょうすいき》』には、「日本秋津島《あきつしま》は本是《もとこ》れ神国なり、我が天神最初の国常立尊より跡を降して以来、百七十九万二千四百七十六歳、上は上皇を護り、下は下民を撫す」「日本は是れ神国なり、伊弉諾伊弉冉尊《いざなぎいざなみのみこと》の御子孫、国の政を助け給ふ」「（平重盛《しげもり》）落る涙を推し拭き申されけるは、（中略）日本はこれ神国なり、神は非礼を受け給はず、（後白河法皇）を傾進せんとの御計ひ、方々然るべからず」などと語られている。

このように鎌倉時代以降の軍記物語においては、『愚管抄』のなかで慈円が述べた「百王鎮護」（神武天皇から数えて百代の王権が鎮護するが、転じて百代で衰退するとみる帝王観）論が引き継がれながらも、「神国」を説きながら「神徳」を導き出して、王法と仏法との相互補完の関係性を護持しようとする志向を、推しはかることができるのである。

また、鎌倉中期の説話集『古今著聞集《ここんちょもんじゅう》』には、「神国として大小の神祇部類けんぞく（眷属）」とみえ、そして鎌倉末期の『承久軍物語《じょうきゅうぐんものがたり》』には、「それ我が朝は神こく（国）として天神七代地神五代とあひつゞかせ給ひて、」と冒頭に述べられている。

天神・地神の神孫の統治する神国は、日本国中の大小神祇の部類（仲間）の眷属（従者）が守護していると、起請文の神文が一般化していったこととあわせて、神々による国家静謐の安全神話がしだいに浸透していった点が、物語からもうかがえよう。

蒙古襲来に抗《あらが》う神国

文永五年（一二六八）正月、日本国王宛に差し出された大蒙古国皇帝の国書が大宰府《だざいふ》に到着した。筑前国守護の少弐《しょうに》（武藤）資能《すけよし》は即座に関東の幕府へ届け、翌二月に鎌倉に到着、さらに幕府から今度は朝廷へと送られた。しかし、返書は出されなかった。そのかわり朝廷は、異国降伏の祈禱、二十二社への奉幣、伊勢神宮への勅使発遣、七陵への山陵使《さんりょうし》の派遣など、祭祀・祈禱の執行を命じたのである。

他方、幕府は西国諸国の守護を通じて、蒙古人の襲来への用心を御家人へ命ずるように下達した。そして高麗の使者・潘阜《はんぷ》を帰国させている。

西大寺の律僧・叡尊《えいそん》は、伊勢神宮、河内の平岡社、摂津の住吉社と広田社に参詣し、四天王寺において最勝王経《さいしょうおうきょう》などを転読して、異国退散の祈禱をおこなった。蒙古襲来については、危急存亡と察知し敏速に対応していた。

このように蒙古襲来の情報は、朝廷の祈禱命令を通じて全国の権門寺社へと伝達されたのであった。たとえば、春日社の神官の日記『中臣祐賢記《なかとみひろかたき》』に収められた、興福寺・春日社の神人らの申状は、いわゆる神領興行を先取りする要求として興味深いものである。すなわち、「抑《そもそ》も異国牒状《ちょうじょう》到来かの間、宣命《せんみょう》を当社に献ぜらると云ふ、夫れ吾が朝は神国なり、偏《ひとえ》に冥助を仰ぐの外、二心無しと云々」と、異国降伏に関する春日社宛ての宣命をひいて、さらに春日社の「神威陵廃」「神事違例」を招くことなく、「社家繁昌」「天地長久御祈禱」のために、摂津国垂水《たるみ》東西牧の御供料所の復興と、新儀の東西金堂二月夜荘厳役の免除に関する「大訴二ケ条」を愁訴した。

蒙古襲来は武士の戦闘だけでなく、その一方で「神々の戦争」と称されたとおり、異国降伏の祈禱を通じてなされた。かかる神国論の拡張は、公武の両権門にたいして、はじめから「神領興行」を覚悟させるものであった。

翌文永六年九月、蒙古の中書省牒状《ちゅうしょしょうちょうじょう》と高麗の国書を携えた使者が対馬に来航した。そこで朝廷では返牒を裁し、文永七年正月日付け蒙古国中書省宛ての日本国太政官牒《だじょうかんちょう》が、文《もん》章博士《じょうはかせ》の菅原長成《ながなり》によって起草された。

『本朝文集《ほんちょうもんじゅう》』にみえるその返牒の案文《あんもん》には、

凡《およ》そ天照皇大神天統を耀《かがや》かしてより、日本今皇帝（亀山）日嗣を受けたまふに至るまで、聖明

の覃《およ》ぶ所、（中略）故《ことさら》に皇土を以て永く神国と号す、智を以て競ふべきにあらず、力を以て争ふべきにあらず、

と記されていた。外交権を実質的に掌握する幕府はこの返牒を差し止めた。けれども、朝廷によって神孫・皇孫統治の神国といった皇土観が、異国との対外交渉を意識して披瀝されたことは重要である。とくに、智慧や武力の競争を排除する神威を誇張した点は興味深いものだ。

ところで、十三世紀末ごろまでには成立していたといわれる神道の教義書、『倭姫命《やまとひめのみこと》世記《せいき》』に耳を傾けてみよう。

吾れ聞く、大日本国は神国なり、神明の加被《かび》によりて、国家の安全を得、国家の尊崇によりて、神明の霊威を増す、（中略）また聞く、それ悉く地は則ち心より生ず、意は則ち信心より顕る、神明の利益を蒙る事は、信力の厚薄によるとなり、天下の四方国の人夫等に至るまで、斎《つつしめ》り敬ひ奉れ、

すなわち、わが国は神国であるから、神明の加護によって国家の安全が保たれている。国家の崇敬の念でさらに神威を増大させる。また悟りはこころより生まれ、意（こころ）は信心からあらわれる。神明の利益は信心の力の厚薄で決まるので、天下あまねく人民にいたるまで敬い奉れ、と信心と神威、神明の加護と国家の安全保障の関係性が説かれてい

るのである。

『倭姫命世記』とほぼ同時期に、真言僧によって書かれたと考えられている両部神道《りょうぶしんとう》の書『中臣祓訓解《なかとみのはらえくんげ》』にも、「惟《おもい》みれば、吾が国は神国なり、神道の初め、天津《あまつ》祝詞《のりと》を呈《あら》わし、天孫は国主なり、諸の神区々に賞罰験威を施して、肆《ほしいまま》に君臣崇重して幣帛を奉じ、黎下遵《れいかじゅん》行《ぎょう》して斎祭を致す」とある。

イザナギ・イザナミは密教の本源、天神地祇《てんしんちぎ》の父母ともみえ、ここではまさに国主から人民にいたるまで、神々を祀る神国の国土が、真言宗の両部神道の立場から教説されているのである。まさに国家統合の宗教論だ。

神国の祈禱

文永七年（一二七〇）と翌八年、さらには同十年の三度にわたって、京一条今出川の臨済宗宗覚《そうがく》派、正伝寺《しょうでんじ》の開山東巌慧安《とうがんえあん》が石清水八幡宮寺に願文を奉じた。その写しが「正伝寺文書」のなかにのこされている。そこには、神国にもとづく明確な国土観が表明されていた。異国の襲来に直面したときの緊張感が漲《みなぎ》っているので、ここではあえて原文のまま抜粋し、それら三つの願文を掲出しておきたい。

①再拝　一心啓白

八幡大菩薩幷六十余州五畿七道一切善神等、蒙古辺州貧人妄敵対此神国、（中略）又相当結願日、為彼牒使、有霊夢、作千万怖畏、還為神国、対君臣上下、懇望而和親、重献蒙古毛冠、是偏降伏先端也、

（文永七年五月二十六日付）

②一心啓白八幡大士六十余州一切神等、今日本国天神地祇、以於正法治国以来、部類眷属充満此間、草木土地山川叢沢水陸虚空、無非垂迹和光之処、各々振威、各々現徳、可令斫伏他方怨賊、昔在女帝、名曰神功、懐胎母人、相当産月、為防他州無量怨敵、誓心決定、起勇猛心、因之、国中一切神祇知其志念、皆悉随従、（中略）又有伝聞、蒙古人云、日本弓箭兵仗武具、超勝他国、人有勢力、夜叉鬼神無由敵対、（中略）万国怖威、仍無返牒、無有和親、当結願日、如彼牒使、神告霊夢、千万怖畏、還対神国、懇望和親、蒙古毛冠、跪所奉献、此是降伏先端故也、

（文永八年九月十五日付）

③正伝禅寺住持某申　再拝敬白
本朝者是為神国、故一切神祇充満国界、雖然、尊重三宝、不敬霊神、于茲、近年為降蒙古敵国、有奉祈請　聖朝御運故、一条以北今出河辺、卜狭少地東西三十三丈、南北十四丈、為御祈禱所、任於兀庵和尚懸記、雖号正伝禅寺、未曾起立一宇仏殿、毎物下劣、（中略）八幡者、是最初発心因縁不浅、仏法擁護、経於年序、同心勧請、時節到来、（中略）王法

繁昌、天下泰平、諸人快楽、

正伝禅寺住持某甲再拝

（文永十年五月二十日付）

①についで②の願文が捧げられているが、②のほうがより神国の国土観を具体的に記述していることがわかる。大陸の脅威が強調され、神功皇后《じんぐう》の三韓征伐の神話と八幡大菩薩の異国降伏の霊威が主張され、本地垂迹説を基盤とする神国論があらわれている。

たしかに「天神地祇《てんしんちぎ》」「垂迹和光」の文言から、仏菩薩が神としてこの世に出現したとする、本地垂迹説にしたがった神国の国土観を知ることができる。なお後世の史料だが、武士たちの歌謡の早歌が撰集された『玉林苑《ぎょくりんえん》』（元応元年〈一三一九〉成立）にも、「日神月神山川草木を生成して、国をば神国とぞ名付ける」と同様の記述が認められる。

これまで述べてきたように、このような神国論は蒙古襲来以前からすでに説かれていたが、この時期は寇賊の予測される情報が広く喧伝されていた。中世の封建制的な領土観にともない、また対外的な極度の緊張関係のなかで、国家の領土が神国の境界をもって語れるような国家観が浸透し、定着していったものと考えられるのである。

③は②の二年後、文永十年（一二七三）五月の東厳慧安《とうがんえあん》による願文だが、翌年十月には元・高麗軍が博多湾に上陸している。伊勢（天照大明神・大日如来）、賀茂（上社・観音菩薩、下社・釈迦如来）、石清水（八幡大神〈大菩薩〉・阿弥陀）の神々の垂迹、古くは延

暦二年（七八三）には八幡神に菩薩号が授けられたとおり、神仏習合の先駆け的な存在であった「和光同塵」の石清水八幡大菩薩神の「仏法擁護」をかかげ、「王法繁昌」を起請した点はとくに注意すべきであろう。

慧安は、播磨国の古刹、書写山《しょしゃざん》円教寺で天台教学を修め、石清水八幡宮寺において『大《だい》智度論《ちどろん》』百巻（大品般若経《だいぼんはんにゃきょう》の注釈書）を閲覧したと伝えられる。その後、鎌倉建長寺の二代住持、宋僧兀庵普寧《ごったんふねい》に師事し、法統を嗣いだ。「和光同塵」の垂迹観念の表明からみて、天台を習い、なお山王神道を学んだことが知られる。

さきの願文②の本文末、年月日の奥端には、「すえのよの末の末までわが国は　よろづのくにゝすぐれたる国」と詠まれている。慧安の誓願には、かかる神国は「他国に超勝す」ともみえ、怖れおののいた蒙古は降伏するに違いない、と神国の優越感が宣言されていた。

ここに、神国国家論にもとづく、他国にたいする優越的思考が顕現したと見なしてよいであろう。鎌倉仏教の世界では、末法の終末的な思潮が言説として繰り返されていたけれども、王法仏法の相依説を基盤とする寺社勢力のなかでは、本地垂迹（和光同塵）、ひいては神本仏迹といった反本地垂迹説の登場と、神祇崇拝への相当の傾斜が見受けられる。そのような宗教環境のなかで、外寇といった「外からの脅威」に神国の矛先が向けられ、神国論が昂揚したのだ。

ところで宋国から来日し、執権北条時頼に招聘され、建長五年（一二五三）に落慶した建長寺の開山となった蘭渓道隆《らんけいどうりゅう》（勅諡号《ちょくし》・大覚禅師）は、書家としても優れ多くの墨蹟をのこしている。そのうちのひとつに、「大覚禅師諷誦文《ふじゅもん》」（建長寺蔵）がある。諷誦とは、経文や偈頌《げじゅ》に節をつけて読むことで、招福延命や追善供養を願意として、一山の僧侶らを率いて導師が読みあげた、その文章のことを諷誦文といった。年次は未詳だが、蘭渓道隆没年の弘安元年（一二七八）以前、文中に「信心弟子時宗」とみえるので、北条時宗が執権に就いた文永五年（一二六八）以降の諷誦文と推測される。

実際に目の当たりにしたとき、まずその本文冒頭に「日本国内諸大明神・諸廟諸宮、当境顕化《けんげ》」と書かれていた点を凝視した。かかる願文を奉じる際、建長寺の境内に日本の大明神（神の尊称）や諸廟諸宮（天皇の祖先神祭祀の御霊屋《おたまや》や社《やしろ》の「聖神」）の神霊を顕在させて、天下の安寧と時宗の「門葉昌隆」（北条一門・同族の栄え）を祈願したものだった。神仏の勧請《かんじょう》は、まさに起請の作法である。

鎌倉期に宋から渡来した臨済禅僧は、日本がこのような神国であることを充分に理解していた。その上で、旧来の顕密仏教に劣らず、王権に結ばれた神々の国家祈禱をおこなっていたのである。ただし「禅宗のともがら神国に入りながら死生をいまざる《(忌)》ゆへに、垂迹のちかひをうしなひて神威皆おとろへて其罰あらたならず」「専修も禅宗のごとく死生をいまざるがゆへにみな神国の風をうしなふ」（『野守鏡《のもりのかがみ》』）と、永仁三年（一二九五）に藤原有房《ありふさ》が述べたように、禅僧が神国の死穢を禁忌しない存在として批判されていた面もたしかにあった。専修念仏宗（浄土・真宗・時宗など）の門徒・坊主が穢れを問題視せず、穢れからの自由な意志をもっていたのとひとしい点に着目しておきたい。戒律を身にまとった禅僧は、死穢からも解放されていたのであろう。神国国家論と密着した「正道」なる顕密仏教とは異なった、異端・改革派の鎌倉新仏教に共通する触穢観を見出すことは許されるのではないだろうか。

神国論は、論述する人の立場と、神国が抗うべき敵対者の位置、さらには場の状況に応じて、つねに汎用性をともなった言説としてあらわれた。「神国は何々である」「神国とは何々だ」といった論理構成がなされなかった意味が、どうもこのあたりにありそうである。

中世日本紀という神話

そこで蒙古襲来の時期、文永・弘安年間の史料をいますこし追ってみよう。

権中納言の勘解由小路《かでのこうじ》兼仲《かねなか》の日記『勘仲記《かんちゅうき》』文永十一年十月二十二日条には、「我が朝は神国なり、定めて宗廟の御冥助あるか」とみえる。また、弘安六年（一二八三）に無住《むじゅう》一円《いちえん》の著した仏教説話『沙石集《しゃせきしゅう》』によれば、興福寺の貞慶（解脱上人）の詞をひきながら、「我が朝は神国として大権《だいごん》あとを垂《た》れ給ふ、又、我等みな彼孫裔なり」と語られている。この『沙石集』では、とくに神国の大権（本地垂迹）と神孫から皇孫への血脈説をもって、全体統合されたところの神国ナショナリズムの論述が注目される。この点は、「神国仏地」および「神国仏国」論を土台としたこの時期の説話の個性として、そして、いわば国土の親族一家論の先駆け的な言説としても気をつけておかなければならない。

さて近年、中世の東大寺縁起と両部神道にみる、本地垂迹の成立の問題があらためて究明されてきている。弘安九年（一二八六）のころ、伊勢神宮祭主の大中臣隆通《おおなかとみたかみち》の子で、真言宗醍醐寺僧であった通海《つうかい》が書いた『太神宮参詣記』（別称『行基《ぎょうき》菩薩参宮記』）があるが、そこでは東大寺の大仏が天照大神の本地を導くための「行基参宮神話」が物語られている。

聖武《しょうむ》天皇の御代、東大寺を御建立の為に、大神宮に申し合せらる、「吾が朝は神国なり、神態をさきとすべし、但し、仏菩薩の光を和げ給ひならば、吾が願を納受し給はざらずや、若《も》し神慮に相叶ひべくんば、其の告を示し給ふべし、垂迹の本地をしり奉りなば、速やかに大伽藍《がらん》を建立すべし」とて、試みに行基菩薩を勅使として、一粒の仏舎利を奉り給う、

また、東大寺縁起の草稿本といわれる『東大寺記録』にも、

然《しか》るに則ち、彼の太神宮は、神国の大本、一天の尊崇これ此《ここ》に無し、此の東大寺は、仏界の惣郭、四衆の欽仰《きんぎょう》類に絶へる、国は大日本国と号す、神は天照大神と云ふ、良く由有るものか、寺名は金光明寺《こんこうみょうじ》、仏は大日如来と称す、又故有るものか、

と、伊勢神宮は神国の「大本」、天照大神の本地・大日如来との垂迹関係によって、伊勢と東大寺の密着した神仏習合が説かれた。

このような中世の神話は、「中世日本紀」と呼ばれている。本地垂迹説にしたがったところの神国論が、東大寺の僧侶らによって新たに創出されていったことがわかる。

弘安四年閏七月、京・奈良の持斎僧五六〇人を引率し、石清水八幡宮寺において異国降伏祈禱をおこなった叡尊《えいそん》は、「神々の戦争」の観点から着目されている。すなわち、叡尊の自伝『感身学正記《かんじんがくしょうき》』や、弘安七年二月二十四日付け叡尊奏状などが読み解かれ、叡尊は蒙古襲来といった対外的危機を契機として、「神国思想」という宗教的な国家観を主張した、と指摘された。そして、中世の神道説・神国思想は、顕密仏教の特殊な一形態であった、とする考え方が再評価されている。

たしかに、顕密主義からまったく独立したところの神国思想や神道論はありえない。顕密の権門寺社側は、神仏同体かつ本地垂迹の教説にもとづいた神国観を積極的に取り込んで神国国家論を宣揚し、王法仏法相依論を補強しながら寺社勢力を興行した。

「中世日本紀」という神話の登場は、内在する武家封建制への危機感と、「神々の戦争」による盛り返しの気運に乗じて、権門体制の地盤固めをはかった顕密寺社による創造の賜物に違いない。この時期におけるいわゆる「神国思想」の昂揚は、公家および寺社の権門間に共通して見受けられる、国家体制のゆらぎの内から喧伝された思潮であった。

鎌倉新仏教と神国

右にみたような顕密仏教にたいして、鎌倉新仏教の法然・親鸞・道元らは神国思想に異を唱え、神祇信仰を排除した、と一般に考えられている。

浄土真宗を開いた親鸞は、日本の「道俗」（僧侶と俗人）は良時吉日にこだわり、天神地祇をあがめ、卜占祭祀に勤めているような、天地の鬼神への畏敬を批判している（『正《しょ》像末和讃《うぞうまつわさん》』）。ここに神祇不拝を宣言したのだ。しかしその一方、手紙のなかで生活上の「神祇・冥道」への不拝の行きすぎを戒めることもあった。旧来の寺社勢力側から異端信仰、危険思想のレッテルを貼られて攻撃対象となることを避けたかったようだが、なお神祇の存在をまったく否定していたわけではなかった。公家出身の親鸞は、むしろ「神国」と見なされていた本朝において、みずからの所在、宗教上の位置を相当意識していたことはまちがいない。

また曹洞宗の道元は、有名な『正法眼蔵《しょうぼうげんぞう》』のなかで、「神州一国の草木をみ、日本一州の草木を慣習して、万方尽界もかくのごとくあるべしと擬議商量すること」を批難して、小国辺土のいわば神国中心主義の島国根性を一蹴し、仏道は天神地祇よりも貴し、と喝破した。だが、日本が「神州」（神国）であることを、変わることのない普遍の歴史的前提としていた点は見逃すことができない。

神祇不拝の立場は、神祇信仰を主とした神国思想を拒絶した。けれども、純粋なる信仰の履歴、つまり宗教的な信条からすこし離れて国家体制を論じるばあいには、神国国家論を排斥したところの国土観および国家観を全面的に展開していたわけではなかった。新仏教の開祖といわれる僧侶たちは、「神国仏国」の理解については充分承知していたといわざるをえないのである。

日蓮の神国

日蓮は著書『神祇門《じんぎもん》』のなかで、神国について次のように述べている。

日本国は本はどろの海なりけり、然《しか》るをいざなぎ・いざなみ須弥山《しゅみせん》のこしの金剛山と云ふ山をくずし入れて、彼のあしはらにして満七日火の雨をふらして焼きかためたり、其よりして此の国をば神国とは申すなり、然るに本地の仏法を信ずればいよいよ此の

国は栄ふるなり、

このいわば「日蓮の神話」（神国論）は関東中心の史観であって、すなわちイザナギは鹿島大明神、イザナミは香取明神、泥の海であった「日本国」においては、金剛山の聖なる土で埋められ、七日間聖火によって焼き固められて国土が創造された「神国」であった。もちろん神々の本地仏への信仰を絶対視しているものではあるけれども、日本国が神国であることから語りはじめられていた。

日蓮は正元元年（一二五九）に、『立正安国論《りっしょうあんこくろん》』の草案とも見なされる念仏批判の書『守護国家論』を著し、その附録には「我が朝本是れ神国なり、百王彼の苗裔《びょうえい》を承《う》け、四海其の加護を仰ぐ」と、南都奏状《なんとそうじょう》を引用していた。

また『神国王御書《しんこくおうごしょ》』のなかでは、「第一天照太神、第二八幡菩薩、第三は山王等の三千余社」とし、天照大神・八幡神が百王の守護を誓ったという百王鎮護論についてふれ、さらに二神の本地は法華経の教主・釈尊であるとの教説を提示し、やはり本地垂迹説によってささえられた神祇・神国の解釈をおこなっていた。日蓮にあっては旧仏教とひとしく、神国論を共有していたことがわかる。

日蓮は、天照大神を日本の中心に据えた。『立正安国論』においては天照大神と八幡大菩薩を日本国守護の「善神」の代表と考え、法華経の「行者守護」神と説いたのである。

法華経は主君で、神は所従（家来）ともいっているが（『三沢鈔』）、なお有徳の帝王論を儒教からも学び取っていた。

文永五年（一二六八）十月の日蓮の書状には、

夫《そ》れ此の国神国なり、神は非礼を稟《う》けず、天神七代・地神五代神神、其の外諸天善神等、一乗擁護の神明矣、然《しか》れども法華経を以て食となし、正直を以て力となす、

とみえる。このような文章が記されていたことからも、創成された神国を前提とした論説にこだわっていた点が判明する。

これよりさきの文永元年（一二六四）、日蓮は大学三郎殿御内に宛てて消息を書いた。「月水御書《げっすいのごしょ》」と呼ばれるその遺文は、文字通り月経の障りについて述べられたものだ。このなかでまず目につく文言は、釈迦如来の誕生地からはほど遠い日本のことを「日域辺土の小嶋」といい、仏法の辺境国といった仏教的な国土観にある。そこから、この国土に住むところの五障三従の女人を導き出している。そして法華経の「正直捨方便《せいちょくしゃほうべん》」にふれ、法華経への信心をもつ女人の無悪道を教導した。ついで文脈は女人の「月水」を忌むところにおよび、「外より来れる不浄にもあらず、只女人のくせ、かわた生死の種を継べき理にや、又長病の様なる物なり」と述べ、忌む意味もなしと切り捨てた。

しかし「日本国は神国」、よって仏菩薩の垂迹神には法華経に違う「風俗」があっても

しかたがない。この国の「明神」が、「月水」を服忌《ぶっき》させているのであろう。日本に生まれたならば、それに無理に抵抗する必要はないではないか、と諭した。

結局、月水の「気」には法華経を読ませず、「南無妙法蓮華経」の題目を唱えさせることを奨めたのである。不浄・服忌の観念や慣行を踏まえて日蓮が教えを説くときには、やはり、かれのイメージする神国像があったといわざるをえない。

時代は下るけれども、日蓮の本弟子（六老僧）の一人、富士門流開祖の日興《にっこう》の談話について、その弟子の日順《にちじゅん》が十四世紀前期に私見をくわえて記録した「日本図・蒙古国幷《なら》びに新羅国高麗百済賊来事・高麗新羅百済已上三国云之三韓」（妙本寺蔵）がある。

そこには、神功皇后の神話が載せられている。甲冑《かっちゅう》を身につけた皇后は大宰府の高峰に登り、榊の枝先に鈴をつけ、「我が朝日本国は昔天神七代・地神五代鎮ずめ玉へる神国なり」と、「敵国降伏」を祈った。また新羅・百済を降伏させたのちに、高麗人が「日本国小国賢国とこそ聞へるに愚《ハカナ》き国なり」と嘲弄《ちょうろう》したが、最後には日本に下った高麗の帝王に、「高麗の王は犬と成て日本国を守り奉る」といわせた。さらに「神風」によって蒙古の賊船はちりぢりになった、と語っている。

やはり日蓮教団は、神祇を排除はしていない。むしろ日蓮の予言を信じ、日蓮の法華経祈禱の力を宣揚し、神話化した面は否めない。おそらくあらゆる方便が、法華至上へと収

石清水参詣の一遍と時衆（『一遍聖絵』、清浄光寺蔵）

斂されるような法論を組み上げていったのであろう。

捨聖一遍の神社参詣

日蓮より十六、七歳ほど年少の一遍は周知のとおり時宗の開祖で、全国を遊行《ゆぎょう》しながら旅をした捨聖《すてひじり》である。試みに高等学校の日本史教科書を開けてみると、掲載されたところの踊念仏《おどりねんぶつ》、武士の館、備前福岡《ふくおか》市《のいち》の絵巻のなかに一遍をみつけることができる。もっとも国宝『一遍聖絵《いっぺんひじりえ》』の切り貼りだから当然だが、それだけよく知られたこの絵巻は、一遍没後十年にして、京都歓《かん》喜《き》光寺《こうじ》の開山聖戒《しょうかい》の編集によって成立したものだ。

一遍は熊野三山を詣で、三島社や石清水

八幡宮、そして住吉社などの神社に参詣している。ここでは神社を参詣した際の時衆《じしゅう》（一遍の門流）の心性を、詞書《ことばがき》から探っておこう。

王子数所の礼拝をいたして、発心門《ほっしんもん》のみぎはにこゝろのとざしをひらき給ふ、藤代岩代の叢祠《そうし》には垂迹の露、たまをみがき、本宮新宮社壇には和光の月かゞみをかけたり、
（文永十一年、熊野三山）

社壇の様かみさびて、ちぎかたそぎの宮づくり、松風うらなみのをとまでも心すみて、異敵を伏せんがために面を三韓にむかへ戦場になぞらへて社を四重にかまへ給へる事がらいとたふとく侍りければ、
（弘安九年、住吉社）

「極楽にまいらむとおもふこゝろにて　南無阿弥陀仏といふぞ三心」（中略）石清水の流れをくまむたぐひは、心を西土の教にかけざらむや、（同右、石清水八幡宮寺）

祖父通信は神の精気をうけてしかもその氏人となれり、参社のたびにはまのあたり神体を拝し、戦場のあひだにはかねて雌雄をしめし給き、
（正応元年、伊予国大三《おおみ》島社《しましゃ》）

これらの神社参詣に共通していた宗教の心性は、本地垂迹にもとづいた神祇を通して本地仏を見据え、御前に祈願したところにあった。絵画と同じくこれらの詞書からも、権門寺院とは異なった社殿にたいする様相をうかがい知ることはできる。そして八幡大神の本

地と認定されていた阿弥陀仏への信心を、ことさら強調していた点は注意される。

阿弥陀を本地とする熊野本宮の証誠殿《しょうじょうでん》においては、御前に祈請《きせい》して目を閉じると、御戸を押し開けて白髪の山伏に化身した熊野大権現が登場した。そこで「信不信をえらばず、浄不浄をきらはず、その札をくばるべし」との神託を授けられた一遍は、六字名号の札をくばって他力本願の念仏の弘通《ぐずう》と救済を導くことを誓ったのである。

住吉と大三島の記述においても、ともに神祇と戦争を結びつけていたところは、文永・弘安の二度の蒙古襲来に関し、神々への祈禱を通じて神威の回復がなされていった様子が読み取られて面白い。

ところで、江戸時代は宝暦十三年（一七六三）、一遍の法語集を編んだ『一遍上人語録』が発刊された。その巻上に、時宗の僧尼や在家の有縁者にたいする「時衆制誡」が収められている。この十八項目の第一に、「専《もっぱ》ら神明の威を仰ぎて、本地の徳を軽んずることなかれ」と書かれていた。神祇、神明の威（神威）の昂揚をうながすような社会心理にすこし釘をさして、仏菩薩の本地にたいして、とりわけ阿弥陀如来への一向念仏を諭したものであった。

また、引入《ひきいれ》（椀鉢）・箸筒・袈裟《けさ》といった道具類になぞらえて阿弥陀仏の功徳を説いた、弘安十年（一二八七）の「道具秘釈《どうぐひしゃく》」では、手巾《しゅきん》の項で、「即ち多罪を滅するを信ずる心、これ即ち清浄光仏《しょうじょうこうぶつ》の徳なり」と語られている。手や顔を拭く手巾に、罪障や不浄の払拭を託したのである。つづいて、西園寺公相《きんすけ》の娘で、亀山上皇の中宮であった嬉子《きし》の法名（一阿弥陀仏）にかかわる消息文には、「南無阿弥陀仏と一度正直に帰命《きみょう》せし一念」とみえる。阿弥陀如来への正しく素直にして、身命を捧げ、もっぱらに信心した者は、心身も言葉もいずれも阿弥陀仏のものである、そして往生極楽に導かれる、と教えたのであった。

これらの教法文を考えあわせると、世俗の正直と清浄がすでに一遍のなかで結ばれていて、阿弥陀への正直なる一念によって、罪と穢の遍満する「穢土」（現世）からの救済が主張されていたことがうかがえよう。

なお、さきに引用した『野守鏡《のもりのかがみ》』のなかで、藤原有房は禅宗と念仏宗を批判しながら、一遍にも矛先を向けている。まず頭をふり足をあげておどる念仏踊りを「見苦しきこと」「狂人のごとく」と排除し、「直心《なおきこころ》即ち浄土なり」といった一文の教えについては、「正直にあらず」「正直の義をあやまり」と徹底的に否定していた。

これらの公家の記述に接すると、逆に時衆らの易行《いぎょう》を旨とする念仏の作法や正直の教えが、いかにひろく民衆に支持されていったかがわかるのである。

熊野信仰と『親鸞伝絵』

親鸞の曾孫覚如《かくにょ》は、親鸞の行実を撰述した。それはたとえば、永仁三年（一二九五）に草された『親鸞伝絵』の詞書としてのこっている。そこには、常陸国の熊野信仰にかかわる次に要約したような話が挿入されていた。

常陸国大部郷（水戸市）にいた親鸞門徒の平太郎は、地頭の命にしたがって、自分の意思に関係なく熊野参詣せざるをえないことにこころを悩ませていた。そこでその是非について、京都にもどっていた親鸞に尋ねた。すると親鸞はかく語った。自力の修行を捨て、一向念仏に専心することは教えのとおりだ。だが、熊野本宮の証誠殿の本地は阿弥陀如来であるから、参詣することは念仏の作法にたがうものではない、と。

このように諭して参詣を許したと伝えている。ちなみに、阿弥陀を本地仏とする確実な史料としては、権中納言源師時《もろとき》の日記『長秋記《ちょうしゅうき》』がある。おそくとも十一世紀末には、そのような本地の垂迹が説かれていたものであろう。

なお、この平太郎参詣譚は井原西鶴の『世間胸算用《せけんむなざんよう》』にも描かれているとおり、江戸時代の真宗寺院では節分の日にあわせて、門徒衆へその挿話を読み聞かせていたようである。

ともかく、親鸞教団の阿弥陀仏への絶対他力の教義が、関東の門徒にも信心されていたことを物語っているものだが、鎌倉末期以降に昂揚した神祇信仰にかかわる門徒衆の信心のありようにたいして、教団としても寛容な面を示さざるをえなかったに違いない。とともに、都市型教団の発展期において、門信徒の獲得のための弘通には、神祇信仰をまったく排除してしまうことはできなかったのであろう。

やはり「蟻の熊野詣」といわれた参詣の流行をながめたとき、習俗としての熊野三山の神祇信仰を見逃すわけにはいかない。

無住一円がまとめた仏教説話『沙石集《しゃせきしゅう》』には、筑波山の麓に高観坊という山伏がいて、「百姓」らの旦那《だんな》（帰依者）をたばねて熊野詣の先達《せんだつ》を務めていたことが載せられている。百姓とあっても庶民ではなく、在地の有力な名主層、地侍であったろう。したがって熊野の庶民信仰とまではいえないまでも、鎌倉期の東国における熊野修験の活動を推しはかることはできる。ちなみに、東国にいた親鸞を殺害しようと企《たくら》んだ山伏の出で立ちは、弓矢・刀杖・頭巾・柿衣《かきごろも》といった山立《やまだち》（山賊）まがいの装いであった。

『親鸞伝絵』には、また「公務にもしたがい、領主にも駈《か》け仕りて、其の霊地をふみ」「唯本地の誓約にまかすべし、穴賢《あなかしこ》々々、神威をかろしむるにあらず」ともみえる。阿弥陀如来への絶対的な唯一信仰に終始して、地頭領主への年貢を忌避したり、神祇信仰を否定するような「本願ぼこり」の態度を戒めた。鎌倉末期における熊野信仰の隆盛からうかがえるように、門徒のなかにも、専修念仏と神祇信仰との信心の葛藤をめぐる綱引きがあった点は想像にかたくない。

『渋書』の文覚

源頼朝や北条泰時の逸話にかかわる書状を編んだ教訓書『渋書《しぶがき》』には、文覚《もんがく》上人の消息が収められている。伊豆国に遠流された文覚は頼朝に挙兵を説得したと、『平家物語』が語っているほどに当時勇名を馳せていた。高雄《たかお》神護寺《じんごじ》を再興したところの荒法師、傑僧であった。ただし、この消息文は頼朝の時代まではさかのぼらず、永仁三年（一二九五）ころの成立にかかるようだ。その消息には、

伊勢・八幡等の太神善神は、財宝珍物をまいらするには、（中略）たゞ心うるはしく、身をさまりたる人をまぼらせ給ひ候なり、其の故は八幡の御託宣にいはく、（中略）日本国は神国なり、他の国よりも我が国、他の民よりも我が人と御誓あり、されば日本六十余州は、いかなる野のすえ、山のおくまでも神の御知行なり、（中略）御祈には正直慈悲を先として、（中略）心うるはしき人の身に福徳は集まり候、さてもさても八幡の、心うるはしきものをまぼらんと仰せ候は、………

と書かれている。

『吾妻鏡』正治二年（一二〇〇）十二月二十八日条に収められている、正月十日付けで

将軍源頼家《よりいえ》に宛てられた文覚上人消息文では、「正直」の心性についてふれている。右とほぼ同文ではあるけれども、『吾妻鏡』所載のその消息には上記のような「神国」の語は挿入されていない。また神国の国土論に言及した記述もない。

とすれば、右の『渋書』所収の文覚上人の消息は、蒙古襲来以後、神国論の昂揚のなかで書きくわえられたものとみてほぼまちがいないであろう。とくに「神国」と、「いかなる野のすえ、山のおくまでも神の御知行なり」とする、国土の領土観との関連性には注視しておかなければならない。すなわち、神国を語りながら封建領主的な土地知行観が表明され、国家の領土が主張されていたのである。神国論が封建支配をささえる論説にもなっていた、ということができる。

その一方で、この時期の『御成敗式目』の注釈書に、「書きて云う、永仁四年二月十一日これを書き終える」との奥書をもつ『関東御式目』がある。著者は未詳だが、左京大夫藤原俊国の邸宅に出入りして注釈の原本を作成したようで、斎藤家系の式目注釈書といわれる。「神事・仏事第一第二の条目に置かれる事」を引用しよう。

日本是れ神国なり、又仏法流布の国なり、よつて公家に政《まつりごと》を始行せらるるの時、必ず神事仏事を先となす、武家これに模《のっと》る、御評定始《ひょうじょうはじめ》には仏神事三ケ条これを行はらる、（中略）然《しか》るに日本代々賢王聖主仏法を崇《あが》め、仏徳によりて国治まり民豊かなり、尤《もっと》も

信仰すべきか、

ここには式目の第一条と第二条の注釈が述べられているが、仏神事が密着して差別なく同体化しており、「神国」における「仏法流布の国」や、「仏徳」によって国が治められている点が純然と叙述されている。

そして中世後期の注釈書をながめてみると、たとえば武家本系統の『御成敗式目栄意注』には「扶桑《ふそう》は神国なり」、また同じく町野説や安保説などを引用する関東武家系統の『蘆雪《ろせつ》本御成敗式目抄』には、「日本国は神国」（跋文《ばつぶん》「正和元年抄写」）と書かれている。ともに式目第一条に関する解釈だが、さきにふれた「神人相依《しんじんそうい》」説の文にかかわっては、「陰陽不測《いんようふしき》」（『易経《えききょう》』の神）や「五行《ごぎょう》」をもって日本の神明を説いている。前に述べた『転法輪抄』と同じ神明観だ。

なかでも、中国漢代に成立した陰陽五行説の易学を陰陽道《おんみょうどう》として受容し、漢朝の宗廟社《そうびょうしゃ》稷《しょく》の神とひとしく、伊勢大神宮・八幡大菩薩を日本の宗廟神と位置づけたことは、人を神として祀った御霊屋《おたまや》（御廟）のいわば祖型の役割をになったといえよう。

さらになお、五行説の論点は『清原業忠貞永式目聞書《きよはらなりただじょうえいしきもくききがき》』に引き継がれ、儒者の清原家や吉田神道家の家学《かがく》をへて、天下人たちの神国政道論にいたるまで、思想的な影響を長く深く及ぼしていくこととなるのである。

第三章　変容する神国

『春日権現験記絵』の世界

はじめに、春日明神の縁起と霊験を主題とする絵巻物の傑作、『春日権現験記絵《かすがごんげんけんきえ》』の詞《ことば》書《がき》をあげておこう。

凡《およ》そ我が朝は神国として宗廟社稷《しゃしょく》三千余座、各《おのおの》化現《けげん》まち〳〵に利益とり〳〵なれども、かゝる不思議どもいまだ見も聞もをよばず、まことにこれ勁松《けいしょう》は霜の後にあらはれ、忠臣は国のあやうきに見る事なれば、時末代に属し人諂曲《てんごく》なるによりて、不信の衆生《しゅじょう》のために掲焉《けいえん》の化儀《けぎ》をしめし給ひなるべし、（中略）いま或現余身の化導《けどう》にあへることを、随心浄処即ち浄土の所なれば我が神すでに諸仏なり、

この絵巻そのものは、延慶二年（一三〇九）三月に春日大社に奉納されたものだ。京都

の朝廷と鎌倉の幕府の仲立ちに尽力した、西園寺《さいおんじ》公衡《きんひら》の発願によって制作された。その詞書は前関白鷹司基忠《たかつかさもとただ》ら四人、絵は朝廷絵所預《えどころあずかり》の高階隆兼《たかしなたかかね》の筆になる。

十四世紀初頭、朝廷・公家社会における神々の鎮護する「神国」の「忠臣」、それへのあやうき諂曲《てんごく》（まげてへつらうこと）と不信の衆生にみる末世観を強調して、だからこそ、このような神国仏国における清浄心の大切さがことさら説諭された。

右に抜粋した文章は全二十巻の末尾を修飾する詞書で、「嘉元神火事」と題されている。すでにこの記述を引用しながら、神国と末法辺土は相克しあう概念ではなく、相互に不可欠の関係を結んでいたとの見解が出されている。

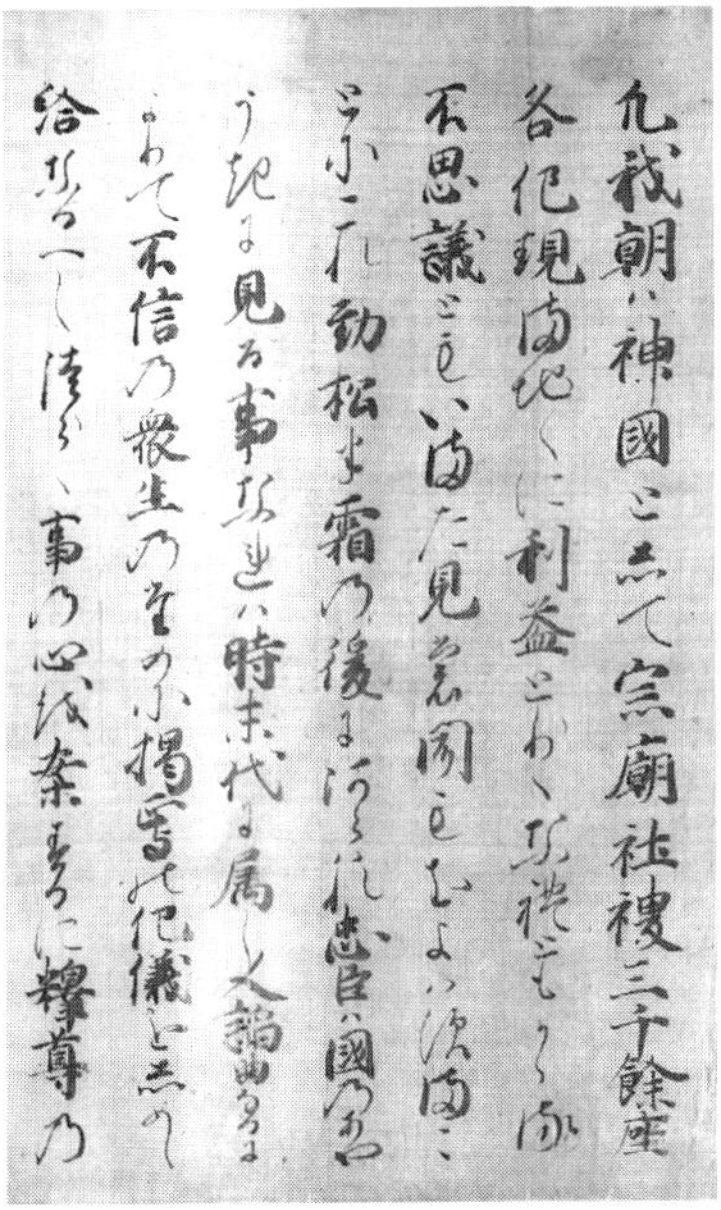

『春日権現験記絵』詞書
（宮内庁三の丸尚蔵館蔵）

これまでも述べてきたとおり、「神国仏地（国）」論は物語文学にも着実に受け継がれ、公家や寺社世界の社会通念として受容されていた。とすれば、神国論において、仏教的な末世観を否定したり、また対立したりすることは到底ありえない。むしろ、そのような仏教的な国土観を基盤として、中世の神国が立ち上がったと見なしてよいであろう。

そしてしだいに、国家を語る日本型の特質論へと言説的な比重が高まっていった傾きがうかがえるのである。

ともかく、この絵巻に書かれた内容についてはこの時期の朝廷の立場を代弁したところが重要であって、正直なる清浄心をもって神国すなわち朝廷の王権をささえた、不思議なる春日大明神の神話の創造にテーマがおかれていたものと考えられる。

じつのところ、嘉元三年（一三〇五）、持明院《じみょういん》・大覚寺《だいかくじ》の両統の外戚として威勢を誇示した左大臣西園寺公衡はすでに失脚していた。したがって、その後の立願をもって、春日社と西園寺家との結縁をあえて載せて制作されたことなどからみて、春日明神の霊験に勢力挽回を祈念した公衡の真意が、この絵巻に体現されていたに違いない。

三国世界と神国

鎌倉末期、文保二年（一三一八）の自序を記した、いわゆる天台神道の教説書『渓嵐《けいらん》拾葉集《しゅうようしゅう》』では、神国を語らって、

一、日域を神国と号する事、天竺は仏生国《ぶっしょう》、震旦は弥《いよいよ》仏国、日本は神国なり、故に

国は神明化導《けどう》盛んなり、

とみえ、また、「天照太神魔王の神璽《しんじ》を得て吾が国に来下し、神道の本源と成り玉ふ」と、神道説があらためて述べられている。

筆者は、比叡山の記家《きけ》の光宗であった。記家は天台宗の山王神道説を重視し、和光同塵《わこうどうじん》灌頂《かんじょう》を奥義とする学問の一派であり、叡山内の修行軌則や神祇信仰・神道書などを筆録していた。

この叡山の仏教修学の一部門である記家の所説『渓嵐拾葉集』の主張は、中世の神国観の一般的なかたちであるとの指摘がある。また『日吉社叡山行幸記《ひえしゃえいざんぎょうこうき》』にある、「他国の神明と我が朝の神道と、化導に異同あり、和光同塵の利生は、神国おほきに勝り給へるゆへなり」の記述をひいて、「神道」とは仏が庶衆を救済するすがたを意味していたともいわれている。

たしかにもっともなことで、異論・反論というほどの評価は持ち合わせていないけれども、ここでとくに留意しておきたい点は、『渓嵐拾葉集』にみえる仏教的な三国世界観、すなわち仏生国の天竺、仏国の震旦、本地垂迹の神国日本といった国土認識の特性にくわえて、和光同塵（神仏習合）の利生にもとづく神国の本朝は、つねに他国に勝っているとする優越感が、神国の言説を介して表明されていたところにある。

ここにこそ、蒙古襲来後のほぼ一世代、三十五年余がたった時期の史料として、その歴史的な意義を見出すべきである、とわたしはおもう。神々によっていつも救済される神国であるとともに、他国よりも必ず勝っている神国へと、着実に変容しようとする神国論の発露であった。

『八幡愚童訓』の神話

そのような観点からみたとき、おそくとも十四世紀初頭には成立していたとおもわれる、石清水八幡宮寺社僧の著作『八幡愚童訓《はちまんぐどうくん》』の重要性があらためて評価されるだろう。ここに「神国」の記載を抜き出して、列挙してみよう。

①神明の擁護怠《おこた》らず、仏陀の冥助《めいじょ》止むこと無し、争《いかで》か神国を傾けむ、誰かは仏家を亡ぼさむ、

②(高良《こうら》大明神曰く)日本国は是れ微少卑劣の拙国たると雖も、又且つは貴重賢哲の神国なり、茲《ここ》により往古より全く異国異朝の数にあらず、則ち無始《むし》の別所なり、

③(新羅《しらぎ》国大王宣す)我れ日本国を討ち取らむと思うに、神国にて権実《ごんじつ》二類の守護し給ふ故に、叶わず空しく年を送る、

④(弘安四年七月一日、律僧・思円上人の口説)異国の襲来は、貴賤上下道俗男女一味

同心の歎き、七道諸国の煩ひなり、悲しひかな、三千余社の権者（社）実者（社）の神国を滅ぼし、

これらの叙述をまとめると、神国の言説としては、①に「神明の擁護」と神国論の定型が語られている点。ただし③に「権実二類の守護」とみえるとおり、仏菩薩のかりの社である権社だけでなく、悪霊・畜類を鎮める実社をも含めて、④の三千余社の神国と位置づけているところは興味深い。

南北朝期、十四世紀半ばころに成立した神道説話集『神道集《しんとうしゅう》』にも、「日本は本より神国なり、惣じて礼を敬うべき国の風俗《ふうぞく》は、凡そ愚は権実を弁《わきま》え難く、只神に随いて敬礼す」といった記述が認められる。

この文章などをも考えあわせると、④の「貴賤上下道俗男女一味同心」といった、一般民衆への八幡大神の弘通を念頭に置いた『八幡愚童訓』の趣旨から類推して、神国の国土にあまねく権・実の両社の言説は、充分に説得力を感じることができるものである。

そしてそれらの史料のなかでは、とくに②の物語に着目しておきたい。すなわち神功《じんぐう》皇后の三韓征伐神話において、仏教の教導上は「微少卑劣の拙国」だが、しかし「神国」であるから「異国異朝」にはない、「無始の別所」（限りのない新開地）の国家として特殊化したところがもっとも重要だ。異本の『八幡愚童訓』（天理図書館蔵）の冒頭にも、「神国に生ずる事は四州の間にこえたり」とみえる。さきにもふれたとおり、鎌倉後期における神

国の言説は、日本を特別視・優越視する傾きを有していたことはまちがいない。蒙古襲来以降、それが史料上、鮮明となっていった点がわかるのである。

ついで『八幡愚童訓』の「不浄事」の項によれば、「不浄穢心」とあって、不浄は外側からの淫欲《いんよく》・肉食・触穢だけでなく、神慮への不信により心の内面から発生するという。とすれば、逆に正直に修善《しゅぜん》して神慮にかなえば、「清浄の人」として「穢」をしりぞけうる、といった論理を探究できる。「触穢」を払拭しようとする、正直・清浄なる信心が強調されているところは注視しておきたい。

なおまた、この時期の神国に関する史料を二つ紹介しておこう。

その一つは、度会家行《わたらいいえゆき》の『類聚神祇本源《るいじゅうじんぎほんげん》』に「神道の風俗」として、「日本は神国、霊社甚《はなは》だ多く、（中略）皆神道に帰《かえ》る」とある。いま一つは、虎関師錬《こかんしれん》の『元亨釈書《げんこうしゃくしょ》』に、「白山明神は、伊弉諾尊《いざなぎのみこと》なり、（中略）日本秋津島《あきつしま》本是れ神国なり、国常立尊《くにのとこたちのみこと》の神代最初の国主なり」とみえる。

「神代最初の国主」といった表現が、神国としての王権の拠り所を明らかにしている。神が国主として人格を示したものだ。人は神をもって人をつくり、そして人をもって神をつくった。

新仏教と神祇

かかる神国論の宗教界における面的なひろがりは、この時期の鎌倉新仏教にも波及していたのである。

まずは、浄土真宗本願寺教団の存覚《ぞんかく》が著した『諸神本懐集《しょじんほんかいしゅう》』（元亨四年〈一三二四〉以前の成立）をみよう。

大日本国はもとより神国として霊験いまにあらたなり、天照大神の御子孫はかたじけなくくにのあるじとなり、（中略）これによりてくにの感応《かんのう》も他国にすぐれ、朝の威勢も異朝にこへたり、これしかしながら仏陀の擁護また神明の威力なり、……

天平勝宝元年八幡宮の御託宣にいはく、（中略）汗穢《かんえ》不浄の身をばきらはず、（中略）不浄のひとなりともこころに慈悲あらば、かみはこれをまもりたまふべしとみえたり、

真宗教団史の研究にしたがえば、真宗の教説のなかで神祇崇拝と神国思想をもちいたところの源流は、同じ存覚の『六要鈔《ろくようしょう》』に書かれた「なかんずく我が朝是れ神国なり、王城鎮守諸国擁護の諸大明神」との記述にさかのぼるようである。

南北朝期の本願寺は、神祇不拝の立場から一転して、本地垂迹説の「神国思想」を念仏に摂取するといった「コペルニクス的転換」があった、との意見もある。たしかに親鸞の真宗教説、阿弥陀仏への唯一絶対的な他力本願の教えが、神国を語ることによって教義上

の変容を遂げていった。このことは、南北朝期における神祇観の昂揚に起因するのかも知れないが、都市型の教団を拡張させていくためには、新儀の門徒や布教対象者の神国観を一辺倒に排除してしまうわけにはいかなかったのだろう。

ことは本願寺教団の変容だけの問題ではなく、権門寺社をも大きく包んでいた宗教的な環境が確実に転換していった。

たとえば、兼好の兄（弟説もある）慈遍《じへん》の天台神道書『豊葦原神風和記《とよあしはらじんぷうわき》』（暦応三年〈一三四〇〉成立）をあげよう。「仏神同異事」の項によれば、

況《いわん》や日本は神国なれば、仏法未だ渡らざりし前には、天下の善悪をば神明の御託宣によりて悉くはかれりと云へり、

と書かれている。この論述を素直に読むと、仏教渡来以前の日本においては、天下の政道の善悪はみな神明の託宣をもってなされていた。だから、日本は神国なのだ、となる。

非仏教的な国が神国であるという、あえて神仏を分離させる本源的な思考が、かかる宗教環境のなかで登場してきたといえる。神本仏迹による反本地垂迹説にもとづく論説であった。ここにいたって、日本の神を主体とした神国論の指向を読み取ることができるのである。

神国の大成者

いよいよ中世の「神国思想」の大成者と称される、北畠親房《きたばたけちかふさ》の思考について検証する順序となった。

親房の著作に関しては、古くから膨大な数の論評がなされている。親房は、天皇家の万世一系たる「正統」の語のなかに、「正理」（徳・賢者・天命にもとづく政治思想）といった儒教的歴史観と、「神国」の特殊性とを調和させようとした、と見なす考え方もその一つである。この見解をうけたであろう、『神皇正統記《じんのうしょうとうき》』（岩波文庫本）の校注者は、「親房は、国土創成の神につらなる日神、その子孫であり同時にその神の神意の顕現者である天皇とが、神皇一如であり、皇統一系・皇胤一種であることに神国の本質を見出したのである」と、神孫の国王である天皇が、神明の擁護を実態のあるものとして表現した点に注目した。親房の神国論の場合は、皇統の「正理」を天命の道理と政道の徳の結ばれたところに求めたことが重要であった。

ここでは親房の著作のなかの「神国」の記述を抽出して、あらためて整理しておきたいとおもう。

■『元元集《げんげんしゅう》』

①凡《およ》そ我が国の諸方を殊にする所以《ゆえん》は、神国を以てするなり、神国の霊異ある所以は、

宝器を以てするなり、（神器伝授篇）

②爾使《じし》を降し往来を訳す、学校鬱《さか》んに起し、以て末習を伝へ未聞を得んがため、殊には我が神国の本を知らず其の訓伝あるなり、（神国要道篇）

■『神皇正統記』

③大日本は神国なり、天祖はじめて基《もとい》をひらき、日神ながく統を伝へ給ふ、我が国のみ此の事あり、異朝には其のたぐひなし、此の故に神国といふなり、（序論）

④大方二所（内宮・外宮）宗廟の御心をしらんと思はば、只正直を先とすべきなり、大方天地の間ありとある人、陰陽《いんよう》の気をうけたり、不正にしてはたつべからず、こと更に此の国は神国なれば、神道にたがひては一日も日月もいただくまじきいはれなり、（応神天皇条）

⑤神代より継体《けいたい》正統のたがはせ給はぬ一はしを申さむがためなり、我が国は神国なれば、天照太神の御計《おはからい》にまかせられたるにや、（光孝天皇条）

■『職原抄《しょくげんしょう》』

⑥神祇《じんぎ》官《かん》、当官を以て諸官の上に置く、是れ神国の風儀、重ねて天神地祇《てんしんちぎ》の故なり、

⑦又神国の故、当官を以て太政官《だじょうかん》の上に置くか、

『元元集』は、建武四年（延元二、一三三七）九月から翌年九月以前に著された親房の神道論である。この諸本の成立については、詳細な考証がなされている。その先行研究に

よれば、伊勢神道の根本経典とされる度会家行の『類聚神祇本源』が執筆にあたってとくに参考とされ、また同じく家行の神道書『瑚璉集《これんしゅう》』も主要な素材として参照されたようだ。ことに①の神器伝授篇は三種の神器によって神国の「霊異」が具現せしめられており、『神皇正統記』③の序論の基礎となっているものである。②の神国要道篇は、さきにふれた「贈蒙古国中書省牒《ぞうもうここくちゅうしょしょうちょう》」や『元亨釈書《げんこうしゃくしょ》』の影響をうけて書かれた神器説、かつ政道論であり、『神皇正統記』の政道論の根底をなしていた。

『神皇正統記』③は著名な序文である。「神国」の言説をめぐる思想としては、神孫・皇孫の統治する異朝に類例のない特別な国土論を導き出している。これ以前より説かれてきた神国の特殊視をもって、天神地祇により擁護された神聖なる神国に裏打ちされた文章をなした。

④はいわば神国政道論である。中世における倫理観としての「正直」が語られ、神道の重要性を諭している。⑤も③とひとしく神代からの皇統を説くものだが、さらになお神国の語をもって、その安心を保障している。このように親房が論じた神国は、神明擁護・神孫降臨の特殊性と優越性とともに、政道論から国土論へと、言説空間の政治性を導く言葉としてもちいられていた。いかようにも変容し、展開していく神国神道論の、いわば拡張子のごとき言説的な役割をになっていたということができる。

最後の『職原抄』は親房の有職故実《ゆうそくこじつ》の書で、暦応三年（興国元年、一三四〇）、幼少の後村上《ごむらかみ》天皇のために常陸国小田城で執筆されたものである。引用の⑥⑦は、「神国」の故に神祇官を太政官の上に設置した「風儀」について記されている。この記載は神祇官の存在に鑑みて、仏事よりも神事の優越性を説く公家法の流れと、それを酌む儒学者による『御成敗式目』の注釈と、ほぼひとしい論述であった。

神国の軍記

親房に代表されるような政治社会思想の潮流は、史書や物語へも当然のごとく波紋をひろげていった。

軍記物語の王者、人間描写に革命をもたらしたとされる『太平記』にも「神国」は登場する。すなわち、

此の明器（三種神器）我が朝の宝として、神代の始より人皇の今に到るまで取り伝え御座の事、誠に小国なりといへ共、三国に超過せる吾が朝神国の不思議は是れなり、されば此の神器無からん代は月入て後の残夜の如し、（雲景未来記）

と読み語られた。面白いことに、三種の神器の不思議として、仏教国のなかの「小国」ではあるけれども、天竺・震旦をも超過し、優れた神国像が描かれている。

また、「世治まり民直なりしか共、我が朝は神国の権柄《けんぺい》武士の手に入り、王道仁政の裁断夷狄《いてき》の眸《ひとみ》に懸りしを社歎《コソ》きしが」（北野通夜物語事付青砥左右衛門事）ともみえる。ここでは朝廷・公家権門の「神国」が、武士（夷狄）の政道のもとにあることが嘆かれている。やはり神国は朝廷の王権を雄弁に物語る言葉であり、武家はつねに「神国」の矛先の前に立つ権力として意識されていたことが、公家や寺社側の視線から理解できる。

ところが南北朝期の武士のなかには、神国のなかの「神戦」といった発想がたしかにつちかわれていた。六分一殿《ろくぶんのいちどの》といわれ権勢をわがものにした、守護大名山名氏清《やまなうじきよ》は有名だ。彼がおこした明徳の乱をリアルに描写する『明徳記《めいとくき》』には、

奥州（山名氏清）討負て露命忽《たちま》ち消え給しは偏《ひとえ》に伊勢の御影向《ごようごう》ならせ給て、神戦の奇瑞《きずい》を顕《あらわ》し給ふと覚たり、

と書かれている。十五世紀初頭にはすでに、この軍記が物語僧によって語られていた（『看聞日記』応永二十三年七月三日条）。

そこには伊勢信仰にあわせた、「神戦」といった心性をいだくような合戦のすがたが物語られている。南北朝の内乱期にあって、「神に忠をいたさせ給ふ」ような、かかる武士の神国観への傾斜が政治思潮の波動となって、まちがいなく次代へと引き継がれていったのであった。

義満の時代

応安元年（一三六八）十二月、義満《よしみつ》が三代将軍に就いた。中国では、同じ年に大明国が建国されている。翌二年、明の洪武帝《こうぶてい》は懐良《かねよし》親王にたいして当時猛威をふるった倭寇《わこう》の禁圧を要求してきた。後醍醐《ごだいご》天皇の皇子で、征西将軍宮《せいせいしょうぐんのみや》として大宰府にあった懐良親王は、南朝方唯一の政治権力といっても過言ではない。同四年、明は「日本国王」の称号を親王に与えている。『明史《みんし》』などの中国の史書によれば、日本における幕府方北朝の存在を知った明の皇帝は、大宰府政権の征討も辞さず、と叱責したところ、親王は次のような返書を差し出した。

蓋《けだ》し天下なる者はすなはち天下の天下なり、一人の天下に非《あら》ざるなり、臣は遠弱の倭に居る、偏小の国なり、（中略）臣聞く陛下戦を興すの策有りと、小邦《しょうほう》敵を禦《ふせ》ぐの図《はかり》有り、文を論ずるに孔孟道徳《こうもうどうとく》の文章有り、武を論ずるに孫呉《そんご》韜略《とうりゃく》の兵法有り、（中略）もし臣勝ち君まくるがごとくなれば、反《かえ》つて小邦の恥とならん、古より和を講ずるを上となし、戦を罷《や》むるを強となす、

日本国王として封ぜられ明の臣下となった遠方の弱小国ではあるが、かりに明から侵攻されたならば文と武を尽くして応戦する。しかしながら、たとえ日本が勝ったとしても、主人を臣下が破ったということでわれらが恥となるであろう。したがって、和をもって戦

を好まず、と書き送ったと伝えている。

おそらく外交文書に通じた禅僧の筆にかかるこの文章には、「神国」とはみえない。けれども、蒙古襲来を撃退したことの記憶と、辺境の弱小国といった仏教的な三国世界観の超克をなしえた王権の自信とが、神国をかかげた抗戦もやむなし、といった強気な外交上の態度を表明させたということができる。

ところで、名実ともに室町時代となったこの時期、宗教界の思潮はどのようなものであったろうか。その一斑をながめてみたい。

まずは東国に眼を転じてみよう。日蓮宗では、下総中山法華経寺三代の日祐《にちゆう》（応永七年〈一四〇〇〉没）が精力的に活動していた。かれの自筆の『当家《とうけ》門流目安《もんりゅうめやす》』の「神明本迹幷《なら》びに其の社等参詣せざる事」の項によれば、次のように問われている。

　我が国は神国なり、天神七代、地神五代、百王其御子孫にて座す、されば神は人の敬により其の威を増し、人は神助により其の運を副へる、（中略）本地の諸仏に向背し、垂迹の諸神を蔑如《べつじょ》す、其の過《あやま》ち甚《はなは》だ重きなり、

神国の本朝においては、神人相依《しんじんそうい》の説が支持されているので、神祇不拝は垂迹の神々を蔑んで過ちをおかしているのではないか、と。すると日祐は答えて曰く、法華経の曼荼羅《まんだら》に天照大神・八幡大菩薩、三十番神を勧請して本地仏を守護しているのであるから、法然

の浄土宗のように神明諸神を疎かにするものではない、と説諭した。

日祐は下総国守護家の千葉氏の出身であった。このような神人相依の論述に関しては、武家法の原典『御成敗式目』第一条の影響を見逃すことはできない。人の敬神と神の増威についての文章を載せて、神祇を包含した教義をあらためて教えた。つまり、三十番神の問題とともに、日蓮以後の教団においては、法華経絶対至上の教説のなかに、それぞれの時代における神国の国家論を積極的に取り込んでいた点は否めない。

その一方、京都では永和元年（一三七五）六月、後円融《ごえんゆう》天皇が吉田家の兼敦《かねあつ》を神祇道管領、南座勾当に補任し、「天下諸神社」の執奏を務めさせたと、吉田家は伝えている。『神《じん》業類要《ぎょうるいよう》』の「天綸旨文意事」の項には、「神国に生れ、神祇の社頭に奉仕する輩、その由緒をわきまえさせること、あさましき事にあらずや、」と書かれている。

同年十一月二十二日、足利義満の判始《はんはじめ》がなされ、翌二十三日、北朝、後円融天皇の大《だい》嘗会《じょうえ》が催された。その記録、関白二条良基《よしもと》の『永和大嘗会記《えいわだいじょうえき》』には、「神代の風俗倹約をさき」にすると唱え、金銀の神器、富貴の人の華美、清貧にして古儀の学問を見苦しく考える昨今の風、「大飲の人」などが批判された。ことにその文章のなかに、「神国の風には、かやうには待《はべ》らじとぞおぼえ侍るなり」とみえる点は興味深い。

質実にして倹約を美とする風俗として、神代や神国の風土を求めていた。分限をわきまえない過差（華美）禁止令は、平安時代からよく祭儀にかかわって、公家新制《しんせい》をもって発令されていた。それは、武家社会でも同じことがいえる。

足利尊氏が制定した『建武式目《けんむしきもく》』第一条で、武家によるバサラ風流の華美を停止させたとおり、南北朝期の内乱期の社会風俗は、公武にその例外はなかったようだ。幕府の式目では、「富者はいよいよこれを誇り、貧者は及ばざるを恥づ」ことを戒めている。下克上した成金趣味の流行への掣肘《せいちゅう》であった。

なお、歌論書や連歌書を多くのこした当代きっての知識人、二条良基は『さかき葉の日記』のなかで、「されば代は末になりたれども、伊勢太神宮の皇孫ならぬ人の位に即事は一度もなし、又春日の神孫ならぬ人の執柄《しっぺい》に成事もなき事なり、これこそ神国のいみじき験《しるし》」と述べている。天皇や摂関の位置は、「神孫君臨」の意識によってささえられていたことが、あらためて確認できるだろう。

室町殿と八幡神との奇縁

永享五年（一四三三）二月九日、六代将軍義教《よしのり》が石清水八幡宮に社参した。宿院《しゅくいん》の高良《こうら》社から奉幣《ほうべい》して、石清水社・若宮社・武内社と宝前に参拝した。

すると空より馬場にたちまちにして白羽矢が舞い降り、将軍の御前に落ちた。みずから手にとった室町殿と八幡神とを結ぶこの奇縁話しは、石清水八幡宮寺の引付《ひきつけ》（日次記《ひなみき》）や、黒衣宰相《こくえのさいしょう》と呼ばれた醍醐寺座主満済の『満済准后日記《まんさいじゅごうにっき》』にも記されている。

天下第二の宗廟にして、源氏の氏神、公武の崇敬のもっとも篤い石清水八幡宮寺には、将軍義教が制作を命じ、永享五年孟夏（四月）二十一日付けで寄進、奉納された『石清水八幡宮縁起』があった。

その縁起絵巻写本の詞書《ことばがき》の最後に、次のようにみえる。

我が朝に宗廟の神多しといへども、殊《こと》に異国降伏の誓約を立て、朝廷を護り万民を恵み給ふ事、ひとへに大菩薩の神慮にあり、但し御託宣の中に、銅の炎をもて食とすとも、心汚《けが》らわしき人の物をば受けじと示し給へり、若《も》し正直のこころを先として信敬をいたさん人は、末代といふとも、利生《りしょう》とどこほりあるべからず、はやく信心を先として、三所の誓約を仰ぎ、二世の願望を遂げるもの哉、

異国降伏とは神功皇后の三韓征伐のことだ。これより前文の箇所に、老翁に化身した住吉大明神をはじめとする神々に支援されたところの征討神話が大和絵とともに書かれ、その後の応神天皇の降誕、のちに神となり八幡大菩薩と号されたこと、宇佐に神体が顕現したこと、宇佐八幡宮の託宣のこと、貞観年間に行教《ぎょうきょう》和尚が石清水に八幡神を勧請《かんじょう》したこと、国王を守護するために王城の南、男山に遷座《せんざ》したことなど、八幡大菩薩の誕生と神徳

を主題とする縁起であった。
九世紀の前半、淳和《じゅんな》天皇のころに八幡大神が八幡大菩薩とはじめてみえるが、平安時代の早い時期から神仏一体と解釈されてきた。そして本地垂迹説が隆盛するようになると、阿弥陀如来が本地仏として認定されたのである。

義教は義満の子息で、青蓮院門跡《しょうれんいんもんぜき》に入寺して義円《ぎえん》と称し、大僧正《だいそうじょう》から天台座主《ざす》に補任されていた。五代将軍義量《よしかず》に先立たれた四代将軍義持の末期の遺命にしたがい、醍醐寺三宝《さんぼう》院《いん》の満済がこしらえた鬮《くじ》は、石清水社の宝前において管領畠山満家《みついえ》らによって引き開けられた。同じく僧籍にあった他の三人の兄弟をおさえて、後嗣は義円に決した。応永三十五年（一四二八）三月に還俗《げんぞく》して義宣《よしのぶ》を名乗り、翌正長二年には義教と改名、征夷大将軍に補任されたのである。世にいう「くじ引き将軍」「還俗将軍」の出現であった。

永享六年（一四三四）八月、後花園天皇の父、伏見宮貞成《ふしみのみやさだふさ》親王（後崇光院）が奏進した『椿葉記《ちんようき》』には、「御果報の不思議さも神慮にてあれば、めでたき世のためしにてましますなり」とみえる。将軍就任も八幡の神慮による、世の祥事というわけだ。将軍になる前から、石清水八幡宮寺とは切り離せないほどの太い絆で結ばれていた、と伝承されていた。

この『椿葉記』は、永享五年（一四三三）正月三日の後花園院元服までのことを載せるが、二月中には一応清書を終えていたようである。本文末尾には、『古今著聞集《ここんちょもんじゅう》』や『増《ます》鏡《かがみ》』にある故事、すなわち後嵯峨院が石清水八幡宮に参籠して「椿葉の影再び改め」と鈴の声のような神託をうけ、仁治三年（一二四二）正月に皇位に就いたことが書かれている。もちろん書名の問題ではなく、後花園院を後嵯峨院に擬して、正統な皇位継承が八幡大神（大菩薩）の託宣によって保障されたことを主張した点は重要であった。

八幡縁起絵巻については、後白河法皇の時代に勅願の蓮華《れんげ》王院《おういん》（本堂の俗称は三十三間堂）の宝蔵に納められたものが、もっとも早い時期の作例として記録にみえるが、残念ながら現存していない。現在に伝えられた絵巻には、鞆淵《ともぶち》八幡（十四世紀初頭）、東大寺（天文四年）、筥崎《はこざき》八幡（寛文十二年）、誉田《こんだ》八幡に所蔵される八幡縁起が知られている。

その誉田八幡宮には、重要文化財『神功皇后縁起』二巻が所蔵されている。宇佐と石清水にかかわる創立の縁起で、石清水八幡宮の写本とひとしく、奥書には永享五年四月二十一日に義教が寄進したことが明記されている。

したがって、石清水八幡宮旧蔵の絵巻と同じ制作にかかるものである。大和絵は濃彩にして華麗、漢画の手法を取り入れた当時の典型的な作風を示しているようだ。そしてなお誉田の地には応神天皇陵があって、誉田八幡社には聖徳太子、弘法大師、菅原道真らの参詣があったと伝えている。さらに建久七年（一一九六）には、頼朝が全国鎮撫を祈念して社殿を造営し保護したといわれ、もちろん室町将軍家の崇敬も篤かった。

室町殿義教が、永享五年に奉納した理由は判然としない。けれども政治的な背景としては前年の永享四年九月、富士遊覧といって、義教は駿河国清見潟《きよみがた》に下向し、関東管領《かんとうかんれい》の上杉憲実《のりざね》と謁見したことは注視できる。鎌倉公方《かまくらくぼう》の持氏《もちうじ》との都鄙《とひ》の関係は、五年後の永享の乱まで小康状態となった。義教と憲実、この二人の会談を契機に八幡縁起の制作を命じ、将軍家と鎌倉公方体制の源氏王国の安泰を祈願したかったものか、とわたしは考えたい。制作期間は半年だが、充分に可能であった。

「正直のこころを先として信敬」する王権を八幡大菩薩が守護するという神徳の物語が、八幡縁起であらねばならなかったこと、また奥書にかかる志納に「感応の脊《けん》を垂れ」とあるように、神宿《かみやどり》の願掛けであった点からも、深くうなずけるのではないだろうか。

ところで永享七年（一四三五）、義教の怒りにふれた比叡山の僧侶弁澄が殺され、有名な根本中堂が焼かれている。この事件は京中で噂されたが、風聞の咎人として捕縛された商人は即刻、首を刎ねられた。これを知った伏見宮貞成《さだふさ》親王は、「万人恐怖」と日記に書き記した。このような悪将軍の汚名を着せられた室町殿の独裁的な権力は、六年後の嘉吉の変で、義教が赤松満祐によって謀殺されて終焉をむかえた。

石清水社の八幡神とともに、北野社の菅原道真（聖廟）への義教の信心深さと、かかる恐怖政治は一見矛盾するかのようだが、異形な室町殿の王権として結ばれていた点は疑いのない事実である。

儒家の清原氏

室町幕府法も式目追加だが、その『御成敗式目』の第一条と第二条の注釈については、とくに神事・仏事にかかわる先後の関係性をめぐって、この時期の神国論の影響をうけた解釈が準備されていた。

あとで紹介するであろう清原宣賢《のぶかた》は、式目の注釈を家職《かしょく》とした斎藤・中原・清原の各家を総称して「式目三家」と呼んだ。その斎藤家において安保や上野、また問注所《もんちゅうじょ》の諸説を引用しながら解説されたものが、『御成敗式目抄岩崎本』である。そこには、「本朝は神国なれば先ず神を云うなり」と書かれている。仏事よりもさきに第一条で神事をあげた理由として、注釈書類ではじめて「神国」を問題視し、明記して語った。

さらに、儒家・明経道《みょうぎょうどう》を家職とする清原家では、業忠《なりただ》によって著された『清原業忠貞永式目聞書《ききがき》』がのこされている。この注釈書には、「日本は神国にて神が本ぞ」「日本は神国の故に、一番に先ず神のことを云う」と、ひとしく仏に対する神の優位が、反本地垂迹説をまっこうからひきうけた業忠らしく、その式目の解釈が示されている。

ちなみに、醍醐寺座主で黒衣宰相とあだ名される三宝院満済は、日記『満済准后日記《まんさいじゅごうにっき》』

永享四年（一四三二）六月二十日条に、義満時代の高祖父の良賢以来だが、清原業忠が将軍家の家司《けいし》に召されてまことに「珍重」（祝い事）と記した。当代きっての賢人と評価されていたに違いない。

その業忠は、外交史の書物『善隣国宝記《ぜんりんこくほうき》』を著した相国寺《しょうこくじ》の瑞渓周鳳《ずいけいしゅうほう》との交流も知られている。瑞渓が書き、妙安が抄録した『臥雲日件録抜尤《がうんにっけんろくばつゆう》』によれば、業忠と周鳳との思想・学問上の主な交通がよくわかる。すなわち、業忠が周鳳に漢詩の添削を依頼して五山文学（漢詩文）の交渉がはじまったようだが、周鳳は倭国の故事、聖徳太子や遣唐使のこと、『吾妻鏡《あづまかがみ》』の撰者といった日本史の知識を聴いた。

たとえば、寛正六年（一四六五）には業忠に『神皇正統記』の作者を問い、また文正元年（一四六六）には業忠から同書の講説を賜った。さらに文明四年（一四七二）、周鳳がみずから『神皇正統記』上巻歴代帝王譜・序を書写している。かれは『善隣国宝記』に、「大外記《だいげき》清三位業忠近代博学の士」（応永九年条）と書いている。業忠との学問的な交流や、その博識に敬意をはらっていたことがうかがい知れよう。

なお公家でも、名家《めいか》の万里小路《までのこうじ》時房《ときふさ》の日記『建内記《けんないき》』正長元年（一四二八）五月十四日条に「神道を崇敬せらるべき事、凡《およ》そ政道の初めの条なり」とあって、十五世紀前半期における神道政道論をひとしく垣間見ることができる。

同じように武家では、寛正元年（一四六〇）に政所《まんどころ》執事に就任した幕府の要人・伊勢貞《さだ》親《ちか》が、第一に仏神を信敬し、王城の鎮守、霊仏・霊社、領内の神社・堂塔の修造に心がけるように諭している。氏神を崇め、武命長久や家門相続を祈り奉ることが教示され、かさねて山門修行や伊勢・日吉・石清水の月詣でを、教訓書のなかで勧奨した。

外交文書と神国

瑞渓周鳳の編著『善隣国宝記』は、対外交渉記録かつ外交文書編纂の書である。その自序には、次のように書かれている。

今録《しる》す両国相通の事、先ず当の令人吾が国の神国たる故を知る、十一、二にのべるのみ、此の皆神皇正統記中に載する所なり、其の記過半は倭字、今皆漢字に作り改める矣、又問ふ、既に是れ神国、然るに学を録し仏者の往来は何なり、曰く、未だ神国の所以《ゆえん》を知らざるが仏国たるか、凡《およ》そ此の国の諸神皆垂迹なり、其の本は則ち三世諸如来・十地大菩薩なり、

さきに紹介したとおり、このように北畠親房の『神皇正統記』が引用されている。そして「諸神皆垂迹」とあるごとく、この神国は本地垂迹説を前提とした仏国の立場にもとづく神国論であった点は、五山禅院の人事を動かす最高職、鹿苑僧録《ろくおんそうろく》に就いた禅僧の著述と

しても留意しておかねばならない。

そこで『善隣国宝記』を読み進めていくと、同巻上・欽明《きんめい》天皇十三年には、「海東に神国あり、名は日本と曰ふ、是れ其の神兵乎、敵とすべからざるなり」と、『日本書紀』や『元亨釈書《げんこうしゃくしょ》』の記述がひかれている。また同書巻上・弘安九年（至元二十三年丙戌）には、「然るに日本に与ふるの疎濶《そかつ》故、蒙古軍来侵に及ぶ乎、神国の威霊、不日《ふじつ》にして胡軍敗る」とあって、蒙古襲来の歴史的評価のなかで、神国の威霊があらためて表現された。

ついで『善隣国宝記』中巻に収められている、足利義持《よしもち》の文書をみておきたい。同じく僧録に就任した大岳周崇《だいがくしゅうそう》らの作成にかかる、日明貿易断絶に関するものだ。明とのあいだに勘合貿易を開いた父義満は、疾病を患い臨終に際して、「冊書を以て諸神に誓ひ、永く外国の通問を絶つ」と、外国との通交の断絶を諸神に祈誓した。また日本が先例のない臣下となり、印・暦をうけ冊封《さくほう》され朝貢したことによって、義満は病気を招いてしまった。そこでわたくし義持は、外国の使節をうけつけないことを神明に誓う、と日明国交の断絶を宣言したのである。

義満が、かく吐露したことの真偽はたしかめようはない。しかしここで重要な点は、対明外交の遮断の事由の第一に義満の病気による死没をあげて、父も断交を誓っていたのだ、それもすでに日本の「諸神」に起請していたと、どうしてもいいたかったところにある。

ここには「神国」とはみえないけれども、とくに大明国との外交関係を断ち切る上で自国の立場を堅持する論拠を、やはり神国の国家論に見出していたのであろう。

対外関係にかかわって「神国」の記述がある史料としては、『満済准后日記』永享六年（一四三四）八月二十三日条に、「神国の間、一向に唐朝に随《したが》ふ儀は叶《かな》ひ難く、只《ただ》隣国の好みを以て通条の御本望を申すべきの由、若し仰ぎ遣はさるべきかと云々」と記されている。将軍義教《よしのり》による遣明使の表文において、満済は日本年号の表記を主張した。その根拠に、「神国」の言葉が述べられていた。

周知のとおり、義満が日本国王に任じられ、明の臣下として金印を授けられた。したがってそれからの朝貢外交では、下賜された明暦にもとづいて明年号を文書にもちいていたのである。当時からこのことへの批判はすくなくなかった。満済だけでなく、業忠や周鳳によっても、自主独立を堅持したところの外交上の大義名分論のなかで、批判的な論難がくわえられていたのである。

このように外交文書作成についての議論のなかで、「神国」の語をもって日本の独立性や固有性を訴える主張には、この時代の政治思想の潮流を推しはかることができる。

たとえば、後花園《ごはなぞの》天皇の父、貞成《さだふさ》親王は、自身の日記『看聞日記《かんもんにっき》』応永二十六年（一四一九）五月二十三日条のなかで、次のように述べている。

抑《そもそ》も只今聞くならく、大唐国、南蛮、高麗等、日本に責め来るべくと云々、高麗より告げ申すと云々、室町殿天を仰ぐ、但し神国何事かあるか、

十五世紀初頭、朝鮮の使者が明・南蛮による日本への襲撃のことを幕府へ警告した。室町殿義持は天をあおいだが、わが神国に何ごとかあろうかと、蒙古襲来の過去が想いだされたのであろう。日本はやはり神国であるから、神明によって加護され、神威をもって異敵の襲来を撃退できる、と信じられていたようだ。

神国の国土観と国家論は、「外」からの脅威に抗う心性を自覚させた。神国像をめぐっては、もはや公家と武家とのあいだの垣根は除かれていたのである。

第四章　神国論の反転

日本史の分水嶺

東洋史の碩学、内藤湖南《こなん》（虎次郎）は、日本文化にも造詣が深かった。大正十三年（一九二四）、講演録などをまとめて『日本文化史』を上梓した。当時の日本文化のなかに、日本固有のものがどれほどのこっているのか、との歴史的な問いを投げかけた。内藤の仮説的提言の一つが、ここに抜粋した時代区分論である。

大体今日の日本を知るために日本の歴史を研究するには、古代の歴史を研究する必要は殆《ほとん》どありませぬ、応仁の乱以後の歴史を知っておったらそれでたくさんです。それ以前の事は外国の歴史と同じくらいにしか感ぜられませぬが、応仁の乱以後はわれわれの真の身体骨肉に直接触れた歴史であって、これをほんとうに知っておれば、それそれで日本歴史は十分だと言っていいのであります。

日本史の時代区分論を考えるときに、ときどき引用される文章だ。即答できるような簡単な問題ではないけれども、このような大胆な発想はとても面白い。

応仁元年（一四六七）の大乱の勃発以後、百有余年を戦国時代と呼んでいる。関白近衛尚通《ひさみち》の日記『後法成寺関白記《ごほうじょうじかんぱくき》』永正五年（一五〇八）四月十六日条に「世上の儀、いふに戦国の時の如し」とみえ、紀元前五世紀から同三世紀、中国史の「戦国」になぞらえて、日本の情勢を語ったものである。

この「戦国」の語は、邦訳されているイエズス会編『邦訳日葡辞書《にっぽじしょ》』を繙くと、「戦いの国、戦争をしている国、または戦争の起こっている国」とまとめられている。また武田信玄の分国法『甲州法度之次第《こうしゅうはっとのしだい》』第十五条にも、「天下戦国の上は、諸事をなげうち、武具用意肝要たるべし」との規範が書かれている。このように「戦国」とはまさに戦国の世、つねに戦争状態にあった国を意味していた。

かかる変革の戦国期に、中世の神国論も大きな転換点をむかえた。

結論を先取りしてその特質を端的に述べると、神国論の「反転」の時代であった、ということができる。そして、近世初頭における神国の国家理念をかたちづくる歴史的前提として位置づけられる。

耳目を驚かす

前の章で述べたような思潮の傾向は、神道家、吉田（卜部《うらべ》）兼倶《かねとも》にみる神国および神道の反転論を生育させるには充分な土壌であった。

文明十年（一四七八）二月、兼倶の日本紀講釈を聞いた公家の小槻晴富《おづきはるとみ》は、かれの日記『晴富宿禰記《はるとみすくねき》』に、「仏教・儒教・神道の根幹たる趣等を演説せしむ、誠に耳を驚かすなり」と書いている。兼倶の「神道の根幹」説に驚嘆したのだ。

すなわちその論説は、十一世紀前半、祖先の卜部兼延《かねのぶ》による撰述であると、兼延に仮託して兼倶が語ったもので、文明十六年ころに著した『唯一神道名法要集《ゆいいつしんとうみょうぼうようしゅう》』にみえる。いわゆる「三教枝葉花実説《さんきょうしようかじっせつ》」として結実した。

問ふ、神国において仏法を崇むるの由来、何の時代より、何の因縁を以て、他国の教法を用いる哉、

答ふ、吾が神国の開闢《かいびゃく》以来億劫《おくごう》万万歳の後、釈尊かの土に化す。いはんや仏法の伝来は甚《はなは》だ末代の晩年乎、（中略）上宮太子密かに奏して言はく、吾が日本は種子を生じ、震旦《しんたん》は枝葉を現し、天竺《てんじく》は花実を開く、故に仏教は万法の花実たり、儒教は万法の枝葉たり、神道は万法の根本たり、かの二教は、みな是れ神道の分化なり、枝葉・花実を以てその根源を顕《あら》はす、花落ちて根に帰る、故にいま仏法東漸《とうぜん》す、吾が国の、三国

の根本たるを明らかにせんが為なりと、しかしより以来、仏法ここに流布す、

この兼倶の唯一神道説の骨子は、仏法の伝来は神国の国土創成の末代である。かかる神国日本において仏法は種子を生じ、震旦（中国）では枝葉となり、天竺（インド）で花実となった。したがって、神道を根源として儒教・仏教が生まれ、のちに仏法が東漸して万法の根本である神国日本にもどって流布された、と説くものであった。神道を根本に据えた宗教生成の解釈論だ。

ただしこの枝葉花実論は、兼倶によるまったくのオリジナルな教説ではない。じつのところ天台神道の慈遍《じへん》が、元弘二年（一三三二）に叙述した『旧事本紀玄義《くじほんぎげんぎ》』において日本の神国論を述べた段で、すでに次のように論じていた。

抑《そもそ》も和国は三界《さんがい》の根、余州に尋ぬれば此の国の末、謂《い》わく日本則ち種子の芽の如し、（中略）唐《とう》枝葉を掌《つかさど》る、梵《ぼん》菓実を得る、花落ち根に帰す、

反本地垂迹説を基盤にして日本を三千世界の根本に据え、日本で種子が芽吹き、中国で枝葉となり、天竺において花実となったと、神本仏迹の循環を説いた。仏教の花実はインドで得られたけれども、日本では成長しなかった。同じように政治にあっても、仏典・漢籍に頼らず、かつては神の託宣によって天下が治められていた、との結論を、慈遍は導き出したかったのである。兼倶はこのような花実説に筆をくわえて、神道を根源と読み替え

吉田神社・太元宮

たということができる。

　なお、兼倶の天皇観を探ってみると、同じ『唯一神道名法要集』には「国は、是れ神国なり、道は是れ神道なり、国主は是れ神皇なり、祖は是れ天照大神なり」とある。鎌倉以来の神道説を踏襲しながら、天照大神からの皇統の連続性に留意し、天皇および天皇制が天道説によって絶対化されていたところに、日本固有の伝統文化をみていた。

　吉田兼倶の活動に関しては、神道の教理の体系化を目指して精力的に著作活動にはげんだこと、天皇をはじめとする神道伝授、後柏原天皇に「神国第一の霊場」といわしめた、吉田社の斎場・太元宮《たいげんきゅう》を創建（日野富子から千貫文の援助を得た）、八角形の本殿・八神《はっしん》殿《でん》を築造して、「大日本国」の天神地祇と密教とに結ばれた陰陽道の神々をともに勧請したことなどが、とくに注目される。

　その一方で、偽書・捏造・詭弁をもってした唯一神道の樹立であったと批判する論評もある。たしかにそのような面もあるかも知れない。十三世紀前半の卜部兼直の撰と伝える『神道大意《しんとうたいい》』には、「夫《そ》れ吾が国は、天地とくに神明顕坐《あらま》す、故に国を神国と云ひ、道を神道と云ふ」とある。だが、この書も吉田兼倶が先祖に仮託して、神道学の伝統の価値を付与するために偽って著したものだ。

この『神道大意』のはじめに説かれた神の本性については、

それ神とは、天地に先んじてしかも天地を定め、陰陽に超えてしかも陰陽を成す、天地に在りては神と云ひ、万物に在りては霊と云ひ、人に在りては心と云ふ、心とは神なり、故に神は天地の根元、万物は霊性、人倫の運命なり、

と、このような循環論をもって述べられている。つまり「神」とは、宇宙の絶対的な本源であり、万物においては「霊」、人における「心」そのもの、という。兼倶の『日本書紀神代抄』には、「第一国常立尊《くにのとこたち》」「故に太元尊神《たいげん》と名づく」「陰陽不測《いんようふしき》の明神」と書かれているので、日本の絶対神は、天地開闢《かいびゃく》の神話に登場する国常立尊と見なしていたとしてよい。伊勢神道を受け継ぎながらも、儒教・道教や陰陽思想を積極的に受容していたことはいうまでもない。

また、『中臣祓抄《なかとみのはらえしょう》』には「(三国神道事) 天竺の神道は真言なり、(中略) 震旦の神道は易道なり、(中略) 日本の神道は神代以来嫡々相承《そうしょう》の神道なり」と、両部神道の教説にくわ

えて、兼倶の独善的な神道解釈がなされていた。

ともあれ、「三教枝葉花実説」に耳目を驚かした公家がいたように、たとえ独善的な発想の転換があったとしても、戦国期の朝廷や公家に受け入れられたことはまちがいない事実であった。中御門宣胤《なかみかどのぶたね》や三条西実隆《さねたか》の日記によれば、兼倶は後土御門天皇に『中臣祓』を進講し、公家衆に伝授している。

反本地垂迹説を敷衍させながら神国を始源として、神道・儒教・仏教の成立を反転させたところの、神国国家論の出現と見なしてよいであろう。

その後、吉田神道の神国論や神道教説は、分国を統治する各地域の戦国大名にも神祇信仰の面で受容されていった。戦国大名は、神祇にたいして決して不信心ではなかった。こうした公・武への影響力を誇示しえた理由は何か、かかる場の状況を問うことも大切であろう。

結論は容易に出しえないけれども、おそらく戦国の世、応仁・文明の大乱を経験した朝廷・公家は、天下国家に寂寥とした不安感をいだいた。慢性化した内面的な体制的危機感をつのらせたに違いない。このような朝廷の心理状況にたいして、神国の新しい国土を語った吉田兼倶の神道説は、公家たちに自信を取りもどさせたのではないか。考え方の是非を問うことよりも、殺伐とした世情のなかで、なんとなく心地のよい優越感を発見したときの愉しさが実感された、とおもわれてならない。

しかし、それが感性の段階にとどまらず、信じることで醇化されたとき、神国の思潮の「神力」は爆発的に膨張していった。政治の場で実現されたのである。

疑うものは、天下人を観よ。

番神問答

さらに、兼倶の神国論として見逃せない点は、唯一神道と三十番神の議論にある。明応六年（一四九七）二月九日付けの吉田兼倶牒状《ちょうじょう》をあげよう。

国は是れ神国、君は是れ神皇、上一人より百姓に至るまで、僧俗・男女、吾が神明の後胤にあらざるはなし、其の国土を孕《はら》まれ、其の主霊を貴ばざれば、非常にして猶生長し難し、何ぞ況《いわん》や人倫においてをや、一陰一陽の謂はれの神、一寒一暑、一昼一夜、皆是れ神のなす所なり、（中略）気血骨肉を神明に続き、所生養育を神国に受け、爾《それ》以来より、万行の修力、吾が神道にあらざるはなし矣、（『妙顕寺文書』）

いわゆる番神問答《ばんしんもんどう》に関する文書だ。日蓮の神祇観は、すべての神の本地を釈尊とする本地垂迹説にあった。神罰を下すにも、つねに「正法《しょうぼう》守護の善神」にしたがう、と認識するものであった。

日蓮没後にあらわれる三十番神信仰とは、三十の善神が日々交替して正法を護るという教えであって、山門の番神理論によるところが大きい。このような本地垂迹論による三十番神説を批判する兼倶は、右に述べたように「神道が一切の根源」であると、唯一宗源神道論をもって切り捨てたのであった。

戦国後期、円明日澄《にっちょう》が書いた『法華神道秘訣《ほっけしんとうひけつ》』には、「日域は神国なり、何んぞ法花宗神天上と云て、神社を徧《へん》する乎」とある。なおまた、

去れば神天上と立る事、生を神国に受け、神明に違背するにあらず、（中略）よつて当宗は社参物請を止め、法花経を信じ、還《かえ》つて神明の擁護に預かるを源とぞと云ふ心にて、別に諸神を勧請《かんじょう》申すなりと云々、

ともみえる。

番神を境内に勧請して、法華信者による神社参拝を停止させた。法華宗の宗派のなかでもまったくの神祇不拝を主張する立場はあったけれども、このように番神の勧請といった方途をもって、釈尊の法華経至上の信仰へと神祇を収斂させていった面は注意を要する。とすれば、日本を神明擁護の神国と位置づけ、かかる神国論を前提とする戦国期の仏教に共通したところの、教説のひろがりを鳥瞰することは許されるだろう。

一条兼良と将軍義尚

吉田兼倶が活躍していたのと同じころ、文明十二年（一四八〇）、前関白一条兼良《かねよし》が『樵談治要《しょうだんちよう》』を書いた。兼良と吉田神主家との関係は、『日本書紀』秘説の口伝《くでん》相承をめぐって明白である。吉田兼熙《かねひろ》—一条経嗣《つねつぐ》—一条兼良—吉田兼富《かねとみ》（兼熙の孫）と相伝され、三種神器論や神儒仏一致の極致といった神道説がたしかに継受されていった。

その兼良が将軍義尚《よしひさ》の諮問に答えたといわれる要諦書『樵談治要』第一項の冒頭には、このような文章がある。

一、神をうやまふべき事

我が国は神国なり、天つちひらけて後、天神七代地神五代あひつぎ給ひて、よろづのことわざをはじめ給へり、又君臣上下をのへ神の苗裔《びょうえい》にあらずといふことなし、是れによりて百官の次第をたつるには神祇官を第一とせり、又議定はじめ評定始といふことにも、先神社の修造、祭祀の興行をもはらさだめらる、（下略）

兼倶とひとしく、神国にあっては君臣上下の万民は神の後胤（苗裔）であると説いている。戦国乱世に生まれた天下統合の国家論だ。そして『御成敗式目《ごせいばいしきもく》』の注釈と同じように、神祇官を第一とし、神社の修造・神祇祭祀を優先させることを諭している。

さらに以下割愛したところの文章では、年中の災難を除き国土の豊饒を祈念すること、二十二社（伊勢・石清水・賀茂・松尾・平野など）へ奉幣《ほうべい》すること、神の託宣のこと、公私の清浄心をもって祭祀にあたることなど、兼倶の説く神国論にもとづいた将軍、室町殿の帝王学が告諭されたのであった。

大和神国論

このような日本の国土観や対外認識観に立つ神国論とともに、権門寺社の神仏の国といった内国的な神国観も醸成された。

伊勢国を神国と呼んだ例は、すでに『吾妻鏡《あづまかがみ》』にもみえ、源頼朝の発言でたしかめられた。また出雲も神国といわれていた。さらに南都・奈良においても、この戦国期に神国の言説を確認することができる。

一条兼良の子、興福寺大乗院主《だいじょういんしゅ》の尋尊《じんそん》が、『大乗院寺社雑事記《だいじょういんじしゃぞうじき》』明応七年（一四九八）二月二十日条に、次のように書き記している。

学侶《がくりょ》・六方《ろっぽう》同時集会、万歳《ばんぜい》の跡の事、畠山方より布施を申し付け了《おわ》んぬ、（中略）内々寺門《じもん》相語らふか、神国に武家の給人《きゅうにん》を入れらるる事、寺社として珍事の趣《おもむき》なり、

春日社・興福寺が支配する大和国は、春日大明神が守護する神国である。だから、河内国守護畠山氏の部将布施氏が、神国の大和国内で給人として利権を行使するのは珍事とい

わざるをえない。というように、武家の侵略に立ち向かう神国の論理が喧伝された。

この点、興福寺多聞院主《たもんいんしゅ》の僧侶が日々書きつけた『多聞院日記』によると、文明十年（一四七八）、大和国内に段銭《たんせん》を課税しようと乱入してきた畠山方の国人《こくじん》侍らに対峙して、「神国の称号只今《ただいま》失わせしむるか、これにより根本十二大会・若宮祭礼違乱の基《もとい》」と叫んだ。同十六年（一四八四）にも、非分なる課税には「神国の称号を削るにあらず、寺社の滅亡、法会懈怠《ほうえけたい》の至極なり」と、「神国大和」をもって楯と鉾にあつらえ、あえて強訴した。

また春日社司の中臣祐維《なかとみすけつな》が記した『祐維記抄』永正十七年（一五二〇）三月十七日条にも、乱入した国人を退けるために、「大和神国の儀、その恐れあり」と、管領《かんれい》を務めた細川澄元《すみもと》を通じて河内国守護であった畠山義英《よしひで》らへ自重をうながした。戦国期に、南都の旧仏教勢力が「大和神国」の論理をかざしていたことは明らかだ。

すこし下って織田時代、『多聞院日記』附録の『蓮成院記録《れんじょういんきろく》』天正十年正月六日条には、次のようにみえる。

> 一、或る人物語りて云はく、旧冬少田（織）七兵衛殿（信澄）当国申し請けられ度《たき》の由直訴す、達して申し入れらるるの処、上様（信長）より大和は神国にて往代より子細あり、其の国人存知の事なり、無用の訴訟の旨御気色候なり、

ここにはまた、「神光の倍々盛んの故か」「有り難き神徳なり」などと記されていた。この真相はさだかではないけれども、信長の弟信行《のぶゆき》の子で、明智光秀の女婿《じょせい》津田信澄《のぶずみ》が信長に大和国を所望したところ、「神国」だからと一蹴された。その「神徳」を、興福寺の僧侶が伝え聞いたものである。

かかる南都神国論は、武家勢力に対抗した寺社勢力側によって主張された。いいかえれば、それだけ興福寺や東大寺などの権門寺社を主軸とする南都の体制維持が難しい状況にあったのだ。神国の喧伝はその危機感のあらわれ、ということもできよう。

蓮如教団と神祇

戦国期の真宗教団に、中興の祖、蓮如《れんにょ》上人があらわれたことは有名だ。信心為本・仏恩報謝・女人往生など、阿弥陀仏への絶対他力による個人救済の教説はよく知られている。それらの教えは、蓮如が仮名交《かなまじり》の平易な文章で門下へ説諭した『御文《おふみ》』（御文章《ごぶんしょう》）に多く書かれている。

この『御文』の規範や真宗教団の掟を編集したものに、『九十箇条制法《きゅうじゅっかじょうせいほう》』がある。その制法によれば、真宗門徒・坊主らが病気治癒や現世利益に関し、神子《みこ》や陰陽師《おんみょうじ》にすがって祈禱したり、念仏をもって祓うような異端の作法には、破門をかかげて厳禁とした。たしかに呪術的な意味では神祇不拝の立場にあった。

しかし、肥後国人吉の戦国大名相良氏が制定した分国法『相良氏法度《さがらしはっと》』では、領内での山伏《やまぶし》・巫女《みこ》・祈禱師・占師の活動を取り締まっているが、それらは「一向宗の基《もとい》」であると見なし、一向宗の布教もあわせて禁止した。一向宗に仮託した禁令ともとれるが、「一向衆」のなかでは現世利益の呪術的な活動がおこなわれていたということになる。

その一方で、阿弥陀一仏を憑《たの》めば一切の仏菩薩や諸神に帰することができ、極楽往生となって、おのずから現世の利益となる、とも説いている。現世利益を求める門徒・坊主の心のありようを、念仏をもって包括していた。神祇信仰は、阿弥陀如来によって包摂されていたのである。

蓮如にしても、在地の地下人《じげにん》らの神祇信仰の心性を、はじめから全否定するわけにはいかなかった。蓮如が書いた『念仏行人申状《ねんぶつぎょうにんもうしじょう》』では、念仏による現世利益が説かれている。そして文明七年（一四七五）七月十五日付けの『御文』には、

和光同塵《わこうどうじん》は結縁のはじめ、八相成道《はっそうじょうどう》は利物のおはりといへるはこのこころなり、（中略）神明をあがめず信ぜねとも、そのうちにおなじく信ずるこころはこもれゆえなり、

とみえる。念仏信心を諭したものだが、和光同塵（本地垂迹）や神明への信心とあるとおり、蓮如も門下の神祇信仰の実際を把握していたものであろう。

もっとも、「つのくにの　さかひよりみる　住吉の　神のめぐみに　あふそうれしき」「いく玉の　神のめぐみの　志宜の森　よそやことしの　住し大坂」（「実悟集」）といった蓮如の和歌を読むと、念仏至上と神祇容認は、共存可能であったことがわかる。

ちなみに蓮如の供養墓が、京都山科にあった本願寺の寺内町《じないまち》跡につくられている。この墓所の位置は、寺内町の中心部から見て鬼門の場所にある。またいつの時点の造作か不明だが、一部内郭を防御するための土塁を欠いて鬼門を封じている。蓮如の死後のことだけれども、大坂本願寺の宗主証如が正月に春日神供をそなえている点などを考え合わせると、本願寺教団だけが陰陽道や神祇の俗信世界と無縁であった、とはいえないだろう。

さらに戦国期から江戸初期に成立し、のちに出版された真宗の『談義本《だんぎぼん》』を読むと納得できる。民間に布教する談義僧らの教材となったその『談義本』のなかに、「神国」の記述が散見されるのである。

すなわち『一宗行儀抄《いっしゅうぎょうぎしょう》』には、「そもそも日本は神国なり、天地開闢《かいびゃく》より以来、天照大神世を鑒《かが》み玉ふによつて、天下の闇久し、（中略）大日本国として三千余座の神」と書かれている。また『安心決了鈔《あんじんけつりょうしょう》』には、「安国と神国は、安心所なり」とみえる。そして『親鸞聖人御法語《しんらんしょうにんごほうご》』にも、「ことに我が朝は神国なり、その国に生まれて、今このみのりにあひ、往生する身となりて候へば、神の御恩をおろそかにおもふべからず」と語られている。

このように神国論は排除していなかった。むしろ神国の国土を前提とし、いったん許容し取り込んだかたちでの真宗布教を展開していたことがわかる。それも「清浄光《しょうじょうこう》」（『弥陀《みだ》如来名号徳《にょらいみょうごうとく》』）の「正直」を説きながら、中世から近世へと教団拡大のなかで喧伝されていった。

たとえば、談義本『真宗報徳集《しんしゅうほうとくしゅう》』には、「真実信心の人は、三の瑞相《ずいそう》あり、一にはなみだもろし、二には心正直なり、三には身心柔軟なりといへり」とある。同じく『信《しん》ノ一念《いちねん》行《ぎょう》ノ一念事《いちねんごと》』には、「信の一念といふは、（中略）凡《およ》そ夫《そ》の一念にあらず、如来清浄の願心なりとこゝろうべし」とみえる。また『真宗信心鈔《しんしゅうしんじんしょう》』には、「釈迦・弥陀二尊はこれわれらが慈悲の父母、煩悩の穢身を養育して菩提の浄信を生長せしめたまふ」と書かれている。談義僧たちは正直・清浄・慈悲の法理を諭し、神祇イデオロギーのなかで生み出されてきた「触穢」身分を、こころの内面から救済することに勤めた。

神祇観の変遷についての真宗史研究によれば、『談義本』で語られた「神国思想」や神祇崇拝の問題は、村落内の鎮守社・氏神社にたいする農民の信仰や、宮座によって組織された村落共同体に対応し、実社神の崇拝をも含み込むにいたったと指摘されている。

これまでに述べてきたとおり、室町期から戦国期における公武の神国論の潮流から類推すると、ひとえに村落（ムラ）の問題だけではなく、政治的および宗教的な思潮に敏感に反応した都市（マチ）を中心とした教団の確立過程のなかで、真宗の神国論や神祇説が民間布教を通して語られ、ひろめられていったものと想定される。それはまた、門徒の生活環境における神祇信仰的な慣行（風俗）を見過ごして排除するわけにはいかない時代であった、といえよう。

そしてまた、神国の政治および社会的イデオロギーによって生み出された穢（ケガレ）意識に抗すべき心性は、作法としての清め（キヨメ）や祓い（ハライ）だけでなく、神仏への正直なる信心と慈悲なる加護を通して、受け入れられていったということができるのである。

本願寺の起請文

さらに、本願寺の起請文《きしょうもん》にも注目してみよう。起請文とは、特定の誓約事項を書いて（前書）、その後に契約違反や不履行の場合には、神仏の罰を蒙《こうむ》るという部分（罰文《ばつぶん》・神文《しんもん》）が記された文書のことである。平安時代の後期に生まれた起請文は、朝廷から民衆にいたるまで、いわば身分や階級を超えて書き継がれてきた、たいへんまれな史料といっても過言ではないだろう。形式や機能の解説は古文書辞典にゆずって、ここでは起請文の罰文に着目し、本願寺教団にかかわる起請文を通して、神祇信仰の一面についていますこし紹介しておきたい。

　本願寺は、信長との十一年余にわたる戦争を経験した。一般に石山合戦といわれている。大坂にあった総本山の本願寺を頂点とし、全国の末寺・道場と門徒団が連帯して、「法敵」の天下人と戦争した一向一揆だ。

　天正八年（一五八〇）、正親町《おおぎまち》天皇の和睦の斡旋によって、ようやく講和のはこびとなった。西国への統一戦争の遅れを取りもどすために、信長側が進めた勅命講和との見方が有力である。本願寺にたいして、「本願寺赦免」と、家臣にも「大坂赦免」と触れまわしていることからみて、信長のこころのなかには、天皇による本願寺の御赦免ではあっても、「叡慮《えいりょ》」（天皇の意思）とともに、信長の「天下」が一揆の張本人を赦す、といった、かさなりの論理が意識されていたようにおもわれる。

　同年三月、信長は「惣赦免《そうしゃめん》」の条件を朝廷向けに提示した。本願寺は大坂から退去すること、そのかわりに加賀国江沼・能美の二郡を本願寺へ返還すること、この二点を主眼とするものだった。信長の花押に血痕が付着しているので、血判《けっぱん》起請文の形式の文書であったことがわかる。牛玉宝印《ごおうほういん》の裏に書かれた神文には、梵天・帝釈・四大天王、日本国中大小神祇と、定式化した一般的な仏神が記され、ついで八幡大菩薩・春日大明神の三社託宣の二神が、さらに天満大自在天神、愛宕・白山権現、最後に「殊《こと》に氏神御罰を蒙《こうむ》るべく候なり」と書かれていた。

四月九日、本願寺門跡の顕如《けんにょ》は退出したものの、嫡子で新門主《もんす》の教如《きょうにょ》は主戦派を率いてそのまま大坂に立て籠ってしまった。結局、朝廷の使節、近衛前久《さきひさ》の仲介によって、ふたたび七月に、信長が今度は教如宛てに同様の血判起請文を書き（ただし、「赦免」の語はない）、八月二日になってようやく教如らが退去した。

本願寺側はすでに、同年閏三月には坊官下間《しもつま》三氏連署の血判起請文と、顕如・教如の書状形式の「誓紙」を朝廷方に差し出していた。下間氏の年寄衆の罰文は、大小神祇までは信長のものと同様、以下、阿弥陀如来・当寺開山（親鸞）の罰を蒙り、無間地獄《むげんじごく》へ堕《お》ちるとみえる。門跡らも「罰同前《ばつどうぜん》」と書いている。したがって、阿弥陀一仏は当然のこととして、本願寺宗主であっても、坊官を通じてではあったが、大小の神祇へも起請させられたということができる。

すこし下って豊臣秀吉の時代、大坂城の対岸の中島天満に、秀吉の命令で本願寺が創建された。大坂城下町の発展策に利用されたものだ。のち現在の京都に寺地が与えられ、御堂・坊舎を移した。本願寺の強制移転であった。その直接のきっかけとなる事件がある。

天正十七年（一五八九）三月、秀吉の勘当人《かんどうにん》ら武士牢人《ろうにん》衆を匿《かくま》っていたかどにより、天満寺内にあった二町の家屋敷が取り壊され焼かれた。それでも、秀吉奉行の石田三成《みつなり》・増《まし》田《た》長盛《ながもり》らの検断《けんだん》の手は緩められず、宗主顕如は牢人衆一人とその内者《うちもの》（家来）を処刑し、連坐《れんざ》した本願寺一門の願得寺顕悟《がんとくじけんご》を自害させた。さらにその遺骸三体と捕縛された町人六十三人は、奉行方の武士によって京都へ連行され、六条河原において磔刑《たっけい》が執行された。

この事件に際して、二度とこのような問題をおこさない旨の血判起請文が、本願寺側から秀吉方へ提出されている。それは三通。阿弥陀如来への誓詞《せいし》を書いた顕如と教如ら、阿弥陀にくわえて開山親鸞に誓う一家衆《いっけしゅう》僧侶と坊官・内衆の下間氏やその他の侍衆ら、そして阿弥陀仏とともに日本国大小神祇氏神の神罰・冥罰を起請した寺内町の住民たちであった。

このように起請する神文が異なっていたことには、それ相応の理由があった。すなわち、本願寺門主の家、その親鸞以来の血脈と法統に連なる一家衆と本願寺家臣の内衆や侍衆らの「家中」、本願寺寺内町といわれる都市に住む一般の町人、といった別があったのである。とくに町人の神祇信仰を見逃してはならない。

一向宗の宗教一揆を誇張して、すべてが念仏至上の集団であった、とする見方は想像にすぎない。本願寺の寺内町に住む町民の神祇信仰については、戦国後期の大坂寺内町における生玉社《いくたま》（生國魂神社《いくくにたま》）遷宮の儀式に、大坂寺内六町衆が能を奉納し、見物人が「数万」もあったと、時の門主証如《しょうにょ》が『天文日記《てんぶんにっき》』に記していることからも鮮明である。その日記によれば、天文五年（一五三六）、石清水八幡宮造営の奉加に関し、証如が二十貫文の銭を面会した八幡の禅家巣林庵の使僧に遣わしている。宗主みずからが、顕密神社の修造に抵抗なく協力していた点を付け加えておきたい。

他方、信長の時代、法華宗においても、天正七年の安土宗論《あづちしゅうろん》後に差し出された起請文があった。宗論に敗れた法華僧侶らは、法華曼荼羅《ほっけまんだら》の裏に血判起請文を書いた。実物はのこっていないが、八葉蓮華の中心に『法華経』宝塔品《ほうとうぼん》の宝塔を据え、その内に釈迦如来・多宝如来が配され、四方に八菩薩、四隅に釈迦四大弟子を置いた法華曼陀羅であったろう。写本によれば、その神文には「日本国中大小神祇、大乗妙典《だいじょうみょうてん》（法華経）、三十番神」の罰を蒙るとみえる。日蓮宗の三十番神についてはすでに述べたが、法華神道ともいわれているように、僧侶らの罰文にも、法華経と神祇が併記されていたのである。

このように戦国時代以降、中世末から近世にかけて巨大な教団となったところの、阿弥陀唯一仏、妙法蓮華経至上を原理とする両教団においても、民衆の神祇信仰をまったく排除したかたちでの、都市教団の拡大はなしえなかったといわざるをえない。

御伽草子のなかの義経

さて、室町後期から江戸初期にかけてまとめられた『御伽草子《おとぎぞうし》』、その義経判官物に

「御曹子島渡《おんぞうししまわたり》」がある。

日本国は神国にてましませば、もののふのてがらばかりにては成りがたし、是れより北州に、一つの国有り、千島とも蝦夷《えぞ》が島とも申す、喜見城《きけんじょう》の都有り、其の王の名をば、かねひら大王と申しけり、かの内裏に一つの巻物有り、其の名を大日の法と申してかたき事なり、されば現世にては祈禱の法、後世にては仏道の法なり、

これは有名な冒頭の部分だ。源氏嫡流の義経を称して「御曹子」といった。義経を保護し、中尊寺金色堂《ちゅうそんじこんじきどう》で周知の奥州平泉、藤原秀衡《ひでひら》との対話形式の文章である。

義経が秀衡に京都への上洛を問えば、秀衡いわく、日本は「神国」だから、「もののふ」(兵)、武士の技量だけで成り立っているわけではない。平泉よりも北に千島・蝦夷が島といった国もある。その国の都は、帝釈天の居城・歓楽街の喜見城、「かねひら」というその王の内裏には、天照大神の本地、宇宙を照らす日輪の大日如来の法を納めている。現世では神祇の祈禱を、来世へは仏信を心懸ければ、日本国は義経のものとなる、と語った。そこで義経は、渡航のために津軽の十三湊《とさみなと》へと出立する。

現実の十三湊は、室町殿義満の時代に「日之本将軍《ひのもとしょうぐん》」の地位を認められた安東氏の支配下にあって、十四世紀末から十五世紀前半期に隆盛を極めた。近年の発掘調査によれば、北方アジアの国際都市かつ日本海航路の基地として栄え、「北海夷狄《ほっかいいてき》」(蝦夷)を掌握する

前線の拠点でもあった。かかる十三湊の記憶の伝承が、物語のなかの義経をその地へと向かわせたのであった。

義経は、船頭に「早風《はやかぜ》」と号した船を用意させたところ、船の頭には鞍馬の大悲多聞天《だいひたもんてん》、艫《とも》には氏神正八幡大菩薩、艪《ろ》や櫂《かい》には二十五の菩薩が飾り奉られた。漕ぎ出された船上で、義経は起請文のごとく、上は梵天・帝釈、下は四大天王、熊野三所権現、大小神祇へと祈誓した。神国国家論と神祇信仰とが、かく合体され物語られた点は重要だ。

ひとしく「酒呑童子《しゅてんどうじ》」にも「仏法神国」とみえ、神国の国土を基礎として、その上に仏法と王法とが安定して存在していた様子が冒頭に書かれている。

『御伽草子』は大衆の心性にかなった説話を集めて、公武に限らず、よりひろい階層に読まれたものとおもわれる。ということは、神国観の裾野をひろげていった拡声器とみてよいであろう。このような物語が、神祇信仰と神国論をしっかりと接着させる役割を果たしていたことも見逃せない。

なお、この時期の和歌のなかにも、「天地のひらけしよりやちはやぶる　神の御国といひはじめけん」(『新拾遺和歌集《しんしゅういわかしゅう》』源智行《ともゆき》)と詠まれている。また浄瑠璃《じょうるり》「日本武尊吾妻鏡《やまとたけるのみことあづまかがみ》」には、「神国に生れて神沙汰を停止《ちょうじ》とは、正真のむくり・こくり(蒙古・高句麗)」との義太夫語りのあることも補足しておきたい。

朝廷・公家や武家、寺社はもとより民衆にいたるまで、神国の国土観と国家論は着実に深化してひろまり、もろもろの身分階層のなかで、観念としての神国像をかたちづくっていったのである。

第五章　天下人たちの神国

『世鏡抄』の訓育

武士や平民への教訓書として知られる『世鏡抄《せきょうしょう》』は、戦国末期から江戸初期にいたるころに成立した。正直抄・清眼記・去悪記・神託記といったべつの呼び方が、群書類従本の奥に記されている。そのネーミングが当を得ていて面白い。筆者は不明だが、書かれている内容から判断すると、僧侶か儒学者など、相当の知識人であったと想像される。

この書物には、「正直」の倫理観が随所にちりばめられている。

たとえば巻頭の前文には、延喜二年（九〇二）二月十五日、釈迦入滅の日に、

吾が国は讒《あしざま》に粟散辺土《ぞくさんへんど》の堺なり、然《しか》りと雖《いえど》も神国なり、神国なれば非を嫌ひ、是れを貴《とうと》み、悪を去り善を好む国なり、

と、このように東方より来た老翁が帝《みかど》（醍醐天皇）の前で語った。ついで南方より来た老翁が、

日本は是れ小国なり、小国なれども大理・大儀・大強・大心・大智・大武、六大無碍《むげ》の身を持ち、大魔・大敵・大国を順《したが》ふる事本となす、

と述べ、のちに神功皇后の異国征伐神話にふれている。

またもう一人、老翁が登場する。巻物を取り出し、御殿の内に投げ入れて叡覧《えいらん》された。そしてかれら三翁は、各々巻物を帝に渡し去って行くが、その先の雲上からの声は、

直《なお》くなるを育《やしな》へば神明をうむなり、ゆがめるを直せば月にかかる浮雲、花にかかる雑木を伐り、直を倒して鳰《つた》を用いなば仏神をころすなり、

と聞こえた。神明・仏神にたいする正直なる信心を基調としたところの、帝王学を朝廷に示したものであった。

この三人の老翁は、天照大神、八幡大菩薩、春日大明神の化身であった。この物語が意図するところは、すでに指摘してきたとおり、仏教上の劣等国を神国の言説をもって優越させ反転させていくところの、神国ナショナリズムの表明であったに違いない。

『世鏡抄』には、神道・儒教・仏教の教説書のような特色がある。第一に護国のためには全身全霊をもって神慮を守り、神事を催すこと、第二に「聖王守政」の事では、「仁・

義・礼・智・信の五常《ごじょう》を能々《よくよく》守り、臣下大臣の非を直し給ふべし」とある。第四の摂政家の事には、「仏の衆生《しゅじょう》を念ひ給ふ如くに、諸人を思《おも》ふべき事」と書かれている。また第八では、管領《かんれい》職に就いた者は神事祭礼をもっぱらとし、寺塔（仏教）を敬い、「正直正路」の成敗を説いた。ほかにも「出家戒行」の項では、出家者の心得としての「正直清浄」、「慈悲」と「柔和」を旨とし、在家に道理を教え、五常（儒教道徳）を導くように説諭している。

さらに武家礼法の項では、「武」は「強」で、強とは「不惜命《ふしゃくめい》」のこと、早朝に起きて身を清め、諸神に弓矢の道を祈れ、この道は五常の義理という。そして「礼」とは、正直にして二心なきこと、武士は主君への「義」により国家に身命を砕くこと。主君を仏神のごとくに敬い、奉公の忠を致し、一命を戦場に捨てよ、と勇ましい。

ここに「武士道」という言葉はいまだ用いられていないけれども、武士の生き方、作法・礼法の心得、「正直正路」と「義理憲法」の武士の政道を教示したことは、戦国の世から天下泰平へとうつりゆくこの時期の、武士の倫理・規範として注目できる。

ことに主君への「義」「忠」を強調する文言にふれると、天正十七年（一五八九）、東国最大の戦国大名、小田原の後北条氏にたいして、豊臣秀吉が出した宣戦布告状が想いおこされる。

信長の幕下に属した若輩の秀吉は、身を山野に捨て、骨を海岸に砕き、軍忠を尽くした。無道の「逆徒光秀」の頸《くび》をきり、信長の厚恩を忘れた勝家を討って、国家への叛逆者を退治した。そして「天道の正理《せいり》」（天地自然の道理、天地を主宰する神の意志、天帝の正道）に背いた北条氏直《うじなお》を、勅命を奉じて「誅罰《ちゅうばつ》」すると宣告したのである。永禄三年（一五六〇）、六角承禎（義賢）は、下克上して美濃の国主となった斎藤道三を非難し、父子合戦で敗死した道三に向けて「天道、その罪を遁《のが》るべからず」と条書に記している。このような天道論は、戦国大名たちに共通してみられる治世観だったのだろう。

右の宣戦布告状についていては、秀吉が誰に書かせた文章かははっきりしないけれども、おそらくは秀吉の御伽衆《おとぎしゅう》、右筆《ゆうひつ》にして、外典《げてん》においては当代一の儒僧といわれた大村由己《ゆうこ》（梅庵）あたりではないかとおもわれるが、いかがなものであろうか。

ともあれ、著名な儒学者、林羅山（天正十一年生まれ）の登場と、家康のブレーンとしてのかれの政治的な活躍を待ち望んでいたかのように、神道・儒教・仏教の混成された理念が、わが国の政治社会思想の大きな潮流になっていたということができる。神・儒・仏は、この時期の神国論の三つの支柱であった。たとえていえば、近年発掘された出雲大社本殿の巨木柱の接合のように、この三柱をつなぐ「環《わ》」が正直の心性だったと考えられる。近世の国家論として、新しい神国論が構築されていたのである。

清原宣賢のはたらき

清原宣賢《きよはらのぶかた》は、「神国論の反転」論をかかげた吉田兼倶《かねとも》の三男で、清原業忠《なりただ》の子宗賢《むねかた》の猶《ゆう》子《し》となった学者である。博士家・明法家《みょうぼうか》にして、神道家・儒者でもあり、のち大徳寺において出家、法名宗尤《そうゆう》、環翠軒《かんすいけん》とも号した。生まれは文明七年（一四七五）、没年は天文十九年（一五五〇）、したがって主な活動時期は、十六世紀前半となる。出自・縁戚からみて、吉田唯一神道と朱子学との密着した教学上の交流が想定できるであろう。

その予測にたがわず、宣賢は『日本書紀神代巻抄』（十六世紀初頭の成立）のなかで、「内典外典の源は、畢竟《ひっきょう》、神道に極たるなり」「三教一致の源は、神道に基くと弘法・伝教両大師の尺義《しゃくぎ》にあり」と書いている。つまり、神道を根本に据え、仏教と儒教を従属させた三教一致論を説いた。

また、『御成敗式目』の注釈書『清原宣賢式目抄《しきもくしょう》』では、「神社の事を第一章に編《あ》む事は、日本は神国たる故なり、一番に先づ神のことを云ふ」「神国なる故に、第一段に神事をのす」と、前に述べた『清原業忠貞永式目聞書《ききがき》』の文章をひいていた。

このような思考を身に染み込ませていた清原宣賢は、後柏原・後奈良の両天皇の侍講《じこう》となり、将軍義稙《よしたね》・義晴の学問の師でもあった。さらに中央京都の公・武ばかりでなく、分国の戦国大名にも思想・学問上の影響を与えたのである。

そこで、宣賢のたいへん精力的な活動を追跡しておきたい。

享禄二年（一五二九）、越前の朝倉孝景《たかかげ》の招聘により北陸有数の城下町・一乗谷《いちじょうだに》へ下向した宣賢は、朝倉館において『中臣祓《なかとみのはらえ》』を講義した。ついで越前旅店では、『日本書紀神代巻』上・下巻を講じた。天文十一年から翌年にかけては、同じ一乗谷においてまた神代巻を話した。同十四年と翌十五年にも下向し、『中庸章句』『古文孝経』『大学章句』『孟子趙注』『孟子抄』などの講筵をもうけている。

宣賢は都合四回にわたって能登畠山義総のもとへも下っている。能登七尾城では『毛詩和注』を撰し、『蒙求』を講釈した。ひとしく『中庸章句』や『孟子趙注』を講義した。さらには若狭小浜《おばま》に下向し、武田氏に『孟子趙注』『孟子抄』を講じている。このように北国にあった宣賢は、漢詩や朱子学への関心の高い守護大名・戦国大名にたいして、禅僧らの活動と同じように儒学および神道学説の普及に努めたのである。

西国の小京都・山口の大内氏が、儒学に執着していたことは周知のとおりである。大内義隆《よしたか》の代には禅僧を朝鮮へ派遣して『五経大全』を求め、『詩経』や『書経』の新注を入手したことが明らかにされている。その義隆は、宣賢に銭五万疋（五百貫文）を贈って『四書五経』の抄（『四書五経諺解《ぎょくどうそうじょう》』）を書写させている。義隆は明国への憧憬をいだいていたようだが、大徳寺の玉堂宗条、南禅寺の梅屋宗香《ばいおくそうこう》、天龍寺の策彦周良《さくげんしゅうりょう》らの禅僧との交流も頻繁で、とくに策彦は、大内氏が派遣した入明使《にゅうみんし》としても十数年の親交をとり結んでいた。

戦国大名の分国法

こうした戦国大名の多くは、分国統治のための法度や掟をさだめた。

東北の雄、伊達氏が天文五年（一五三六）に制定した『塵芥集《じんかいしゅう》』は、『御成敗式目』の形態上の影響をうけていたことはよく知られている。第一条目から神社の事ではじまり、以下、祭礼・祭物・造営・神領・神木・別当神主・頭役と、神社に関し都合七箇条の条文を冒頭に配した。

永禄十年（一五六七）に成立した『六角式目《ろっかくしきもく》』第一条には、神社・仏寺の訴訟の事とあって、「祭礼修理興隆幷《なら》びに社領寺務」をすみやかに命じることが明示されている。『建《けん》武式目《むしきもく》』以来の室町幕府法の条規の影響をうけたものと考えられる。この点は、豊臣時代の文禄五年（一五九六）に制定された『長宗我部氏掟書《ちょうそかべしおきてがき》』第一条目にもひとしく認められるところである。

さて、戦国最末期、阿波の三好氏によって編集された『新加制式《しんかせいしき》』第一条には、

神社を崇《あが》め寺塔を敬ふべき事、右、神は天を先に成し、地を後に定む、然る後其の中

に化生す、故に神国と曰ふ、欽明御宇《ぎょう》に仏法東漸《とうぜん》す、上宮太子内教を弘通《ぐずう》す、爾《それ》より
以来、寺社崇敬す、

と書かれている。この「神国」の表記には注意を要する。戦国大名の分国法ではこの一文だけに、「神国」の語が確認できるからである。詳しいところは不明だが、さきに紹介した『豊葦原神風和記《とよあしはらじんぷうわき》』などの神道書に、「神皇系図に曰はく、（中略）天地人民化生をなするの元祖の者なり」と記述されていたように、三好氏は神道説に精通していたとおもわれる。

三好氏は、右の家法が制定された義継の代に信長によって滅ぼされてしまったが、前代の長慶は、管領格の細川晴元を追放して、一時期京都に三好政権を打ち立てた戦国大名であった。京都での人脈は、公・武だけでなく文化人にもおよんでいる。三好氏は、この時期の神国国家論をたしかに理解していた。この第一条目は、儒学者の僧侶か神道家の論説を引用したものに相違ない。

ついで、元亀元年（一五七〇）二月二十日付けの毛利輝元《てるもと》宛て吉川元春《もとはる》自筆書状に記されている内容をみよう。毛利方が奪った兵糧を、出雲富田《とだ》城へ入れる際にそれを遮断しようとした尼子《あまご》勝久《かつひさ》方家臣の軍勢が、毛利勢によって討ち果たされた。出雲・伯耆両国を召し返した、そのときの「輝元御一身の御冥加」を称えて、なお元就の崇敬が篤く、以前か

ら神領を寄進していた杵築大社《きづきのおおやしろ》（出雲大社）へのますますの立願《りゅうがん》を勧めた。そこには、「偏《ひとえ》に御神力迄に候、当国は神国に候の間、杵築へ御心願立てられ候て然《しか》るべく存じ候、（中略）御天道迄に候」とあった。

出雲国を神国と見なした例だが、乱世に生き、領土紛争に明け暮れていた戦国大名においては、「神国」という領土観が鮮明に自覚されていた。戦国大名のイメージする「国家」とは分国領土のことだが、戦勝と家中安泰を祈念し、領国内の鎮守社への保護と崇敬の念を昂揚させていた様子がわかる。それもすでに「天道」（神々の真理）として、大名権力の大義名分論に浄化されていたようだ。

吉田家の神道伝授

列島の諸地域で、諸階層のあいだで認知されるようになった神国国家論は、近いうちにひとつの大きな思潮の波動となって、中央へと逆流する。天下一統の国家像は、神国のイメージだった。

そこで、神道の卜部家、吉田兼右《かねみぎ》の動向にも気をつけておく必要があるだろう。神祇《じんぎ》大《だい》副《ふく》として全国の神社の組織化に努めた兼右は、清原宣賢の次男で、吉田兼倶の孫・満兼《みつかね》の養嗣子となった。やはり越前の朝倉氏のもとに二度（三度説あり）、下向している。孝景は、死没した乳母《めのと》の服忌《ぶっき》に関して兼右と問答し、兼右は護身加護（陰陽道身固義・人号陰陽形加持）を伝授した。上洛後は孝景に本地垂迹のことを、越前の宿所の亭主に服忌裁許《さいきょ》状《じょう》を、家臣の前波《まえば》興勝《おきかつ》へは屋室裁許状を礼に贈った。その他には、朝倉方へ大麻祓・疾病消除祓・天度祓・地鎮祓・軍陣祓などの祓の作法を、さらに孝景の子義景《よしかげ》にも神道秘法祓を伝授した。また、越前国今立郡水落神明社の神主は補任状・除服裁許状を贈られており、神前次第・遷宮次第などが、地方の神社へも伝授されたことが知られる。

兼右の地方との交渉は、もちろんこれだけではない。安芸・周防・長門・筑前・豊前・豊後・伊勢・若狭・伊賀と、頻々と地方へ下向していた。とくに神道伝授に関しては、右の朝倉孝景・義景、若狭の武田信豊《のぶとよ》、豊後の大友義鑑《よしあき》らがよく知られ、なかでも大内義隆《よしたか》と兼右の交渉は親密であった。

天文十一年（一五四二）、尼子方攻略の陣中を訪問した兼右は、奉幣《ほうべいし》次第《だい》や神供《じんぐ》呪文《じゅもん》などを授け、のちには『延喜式』『中臣祓』『神道聞書』などの書物を贈っている。厳島神社においては護摩行事を執行し、神道・神事・祝詞を伝授した。ほかには長門・周防の武士や諸所の神社に、唯一神道護身神法・宮寺社禁忌分・周防荒神服忌令などを与えた。

キリシタンの布教を許していた大内義隆の最期は切腹だった。そのことを伝聞した兼右は、「この人近年魔法専《もっぱ》ら修行なり」と、キリスト教への傾斜を批判し、その「魔法」を滅亡の原因といわんばかりに、自身の日記に書き残した。このようなキリスト教にたいする嫌悪は、のちに述べる伴天連追放令にある「邪法」にも共通する意識であった。

兼右の子・兼見《かねみ》の日記『兼見卿記』を通覧すると、朝廷・公家、幕府将軍家をはじめ、戦国から織豊期の武将、また大名に限らずその家臣や地方の神社にも、吉田神道の交渉の窓口をひろくあけて、個々に親交を深めていた例が相当数認められる。神道伝授から神事祈禱の興行・勧請《かんじょう》、神道神供・清祓・裁許状・鎮札・守札などの宗教儀礼的な贈答行為や、礼金の授受といった経済的な答礼行為など、公・武との親密な交流を背景に、吉田家の神道は着実に拡張していった。

この兼見の弟が、吉田神社の神宮寺《じんぐうじ》であった神龍院《じんりゅういん》の社僧梵舜《ぼんしゅん》だ。秀吉の没後つくられた豊国《とよくに》神社の創建にかかわって、兼見が社務職、梵舜は神宮寺別当に任命された。梵舜の日記『舜旧記《しゅんきゅうき》』によると、家康や金地院崇伝《こんちいんすうでん》との密着した関係が探れ、家康が吉田家の神道学説にたいへん強い興味関心を示していたことがうかがえる。

ところで、兼見と梵舜の兄弟は、数多くの神道書を校訂、書写、執筆しているが、そのうちの貴重書の一つに、天理図書館所蔵『六十余州明神之事《ろくじゅうよしゅうみょうじんのこと》』がある。卜部吉田家には、十四世紀にまとめられた『諸国一宮神名帳《しょこくいちのみやじんみょうちょう》』があった。一宮とは、山城国の賀茂社や、武蔵国の氷川社といったように、平安時代後期に諸国第一の神社が制定され、国家的な神社秩序の形成が促されたものである。吉田家に伝来した『諸国一宮神名帳』と『延喜式』神名帳との対校がなされ、『六十余州明神之事』が作成された。二人の父、兼右もまた『延喜式』神名帳の神名記載への回帰をはかって、『諸国一宮神名帳』を校訂し『大日本国《だいにほんこく》一宮記《いちのみやき》』の編集執筆をおこなったようだ。

兼右父子によって書かれた一宮神名帳は、十世紀の『延喜式』にさかのぼって神名をととのえ、あらためて「国家」の権威を付託することを企てたものではないか。天下一統の気運と時流に乗じて、「諸国一宮制」といった神社の国家機構を理念的に復活させ、吉田神道の権威の位置をさらに高めようとしたものと考えられる。

なお、吉田家の親族関係として注視しておかねばならない点は、藤原惺窩《せいか》の存在だ。冷泉為純《れいぜいためずみ》の子で、兼見の猶子《ゆうし》となった相国寺《しょうこくじ》学僧の惺窩は、京学派、近世儒学の祖として称えられている、とても著名な朱子学者だ。惺窩の弟子には、林道春（羅山《らざん》）・松永尺五《せきご》らがいた。吉田家と清原家との姻戚関係や、神・儒の学問的な結びつきを考えあわせれば、惺窩の立場もおのずから判明するであろう。

神・儒・仏の宗教および学問的な交渉は、人と人との交流の歴史であり、当然のごとく血脈かつ人脈の形成にも波及したのである。

予みずからが神体

いよいよ天下人の神国観を語る段となった。

天下人はなぜ、自身の神格化を企て、みずから神として祀られることを追い求めたのか。「はじめに」で述べた本書の課題だが、ようやくこの課題に答えるための準備段階にはいった。

さて、信長が寵愛した宣教師ルイス・フロイスは、文字通り『日本史』という長大な記録をのこした。ポルトガル人フロイスによる信長評をみると、

かれは善き理性と明晰な判断力を有し、神および仏のいっさいの礼拝、尊崇、ならびにあらゆる異教的占卜や迷信的慣習の軽蔑者であった。形だけは当初法華宗に属しているような態度を示したが、顕位に就いて後は尊大にすべての偶像を見下げ、若干の点、禅宗の見解に従い、霊魂の不滅、来世の賞罰などないと見なした。

と述懐している。多少の誇張はあるかも知れないが、信長は中世仏教の呪縛から解き放たれていたという。ただし、「禅宗の見解に従い」との記載にはすこし留意しておきたい。

元亀四年（一五七三）四月、信長は十五代将軍義昭《よしあき》を京二条城に包囲した。同三日、義昭を威嚇し、信長は将軍側からの和議の要請を求めて、寺社の堂塔伽藍《がらん》を除き洛外に放火した。さらに翌四日には洛中にはいり、上京を焼き払った。さすがの室町殿義昭も折れて、

和談の上意を信長へ伝え、結局は無条件の降伏となってしまった。吉田兼見は、足軽らが洛中に押し入って西陣から放火、二条より上は全焼、烏丸町に類焼し禁中近く迫ったと、このときの緊迫した戦況を日記に書きつけている。

じつはこの三日前の四月一日、信長は兼見に諮問していた。信長は、正月に亡くなった兼見の父兼右が、南都《なんと》（興福寺・東大寺など）が相果て、北嶺《ほくれい》（山門延暦寺）が破滅したら、「王城の災」を招く、と言った説の真意をただした。信長の面前で兼見いわく、「王城の祟」と伝えられてきたけれども、その典拠はない、と。信長はもっとも「奇特《きどく》」（霊験）と、洛中放火を決定したのであった。決意はしていたとおもわれるが、王法仏法の相依論、両輪説への若干のこだわりがあったものか。元亀二年九月の延暦寺焼き討ちを前に、かつて兼右にも同じことを尋ねていたのかも知れない。浅井・朝倉を支援した山門を焼き払って胸朦《きょうもう》を散らしたわけだが、「王城の鎮守」であっても山門衆徒《しゅと》の乱行は「天道の恐」を顧みないものだから討つ、と太田牛一の『信長公記《しんちょうこうき》』は述べている。

これはまさに天道の思想だ。天地を主宰する神、天地自然を創造した絶対的な神の道理のことである。

勇名を馳せた桶狭間《おけはざま》の合戦では、「急雨《むらさめ》」が風とともに敵の頬面《ほおづら》を打った。熱田大明神の「神軍《かみいくさ》」と、信長は士気を鼓舞したと伝える。『信長公記』は、信長の勝利について、

「善悪二つの道理、天道恐ろしく候なり」と回顧する。五経の『易経』（繋辞下）にはすでに、「天道あり、人道あり」とみえ、またひとしく『書経』（湯誥）には天道は善に福をもたらし悪には禍をくだす、とある。儒教の影響であることは疑いない。儒教の神と日本の神とが重ね合わされて、天道と明神とが融合していたかのようだ。もちろん本地垂迹説では明神も仏の化身であるから、神・儒・仏の一体化がはかられていたということもできる。

　また信長は諸神社の濫觴《らんしょう》について、あらためて兼見に尋ねた。兼見には吉田社の斎場所の修造費に金子一枚を礼として与えている。兼右・兼見父子と信長との親交は、天下人と神道家とのあいだで、伝統的な寺社の「神威」「霊威」に直接かかわる対話がなされていてとても興味深い。信長は、伊勢・石清水・熱田など、天皇の祭祀をつかさどる権門神社を経済的にも助成した。かつては、信長にみる勤皇の精神ともてはやされた時期があった。天下の武威を誇った信長にしても、神威の加護とまったくの無縁ではいられなかったのである。それとともに、反抗し敵対する新旧の寺院武装勢力の「神威」「仏威」と、権門神社の国家神とを切り離して、天下一統を祈願し守護する神々については、神々のあいだの戦争を覚悟させながら、手厚くもてなしたと見なしてよいだろう。

　ところが、フロイスはつづけて、信長の「途方もない狂気と盲目」に言及している。日本の偶像である神や仏を信じないばかりか、キリスト教の宇宙の創造主デウスまでを否定し、信長自身が礼拝されることを望んだ。

フロイスの形容した「悪魔的傲慢さ」とは、安土山内に総見寺《そうけんじ》を建造させ、信長の誕生日を聖日とし、そこに参詣させて、信長が「予みずからが神体である」と宣言した点にある。釈迦の灌仏会《かんぶつえ》、孔子の釈奠《せきてん》、キリストの降誕祭さながらであった。たしかに歴史の異端児のようだ。

しかし、あとをおそった秀吉や家康の神国観からすると、天下人のなかで信長がことさら特殊であったとはおもわれない。信長はべつに自分のことを国王であり、内裏でもある、と述べていたという。異形の覇王ではあるけれども、中国の皇帝のごとく振る舞ったと考えれば、「神体」の発言もそれほど不思議なことではないだろう。

ちなみに天正九年（一五八一）二月二十八日、正親町《おおぎまち》天皇の叡覧のもと、京都で催された「御馬揃《おうまぞろえ》」のパレードにおいては、唐土・天竺（中国・インド）の天子、皇帝が身につける錦紗をまとっていた。『信長公記』には、能の高砂大夫のようなその華やかな出で立ちは、住吉明神の「御影向《ごようごう》」（神仏の出現）と、神を感応するほどの信長の威光が活写されている。やはり明神のような皇帝であったか。ということは、日中合作の王権だ。

戦国軍記『細川両家記』の巻末に、信長の合戦を評して「昔大明国項羽高祖の戦い斯《かく》の如し」と書かれていることからもうなずけよう。

かかる革命期に、周囲の人々も異形の王権を創造したがった趣がある。本能寺の変の二カ月半前、甲州の武田勝頼を滅ぼした。興福寺の多聞院英俊は、浅間山の噴火に関心を示した。「浅間ノ獄ノ焼ルハ、東国ノ物恠」であると、古老の言をひいた。この間、大風が吹き、霰が飛び散った。信長の敵国の神々は押し流されたのだ、と説いた。信長は戦勝のために神々を勧請したのか、いやそればかりか、神力も人力もおよばない天下の百王神であるのかも知れないと、もはや驚愕の言葉しか発することができなかったのである（『多聞院日記』天正十年三月二十三日条）。

さらに信長の思考回路をべつの観点から探るために、安土城の天主（守）の内部を覗《のぞ》いてみよう。

『信長公記』には「安土山御天主《あづちやまごてんしゅ》の次第」という項がある。狩野永徳《かのうえいとく》を中心とする狩野派の絵師たちが描いた、五層七重の天守閣内部、障壁の画題に着目したい。すなわち、花鳥風景画、『論語』の賢人画像、仙人・仙女、中国隠士（許由《きょゆう》・巣父《そうほ》）の故事、釈迦の説法と十大弟子、餓鬼《がき》、と階を重ねて、最上階の七重目には、黄金の内外装、四方柱には昇龍・下龍、天上には現世に下りた神仏画、座敷内には三皇五帝、孔子十哲《じってつ》、漢高祖代の賢人、竹林の七賢《しちけん》などがみえる。

画題は、御用絵師と信長の話し合いで決まったものであろうから、これらを一言であらわせば、儒教・仏教・道教の三位合体の作といえるだろう。京の禅宗寺院や公家・武士の邸宅の影響もあるだろう。フロイスが「禅宗の見解に従い」と観察していた点と符合するようだ。なお、釈迦の上に孔子が据えられていることからみて、禅僧が説いた朱子学の優位性が読み取れよう。

「天下を正す」（『孔子経』）という「天正」年号の時代に、平安楽土を創造する安土山に建設された、その「天主塔」のような構造をもつ天守閣は、神国の国土に立ち上がった信長の廟堂のようにおもえてならない。構造上の特色としては、とくに八角形の六重目はひときわ目をひきつける。古くは七世紀半ばから八世紀初頭の大王墓を象徴する八角古墳や、天平建築を代表する法隆寺の夢殿、近くは文明十六年（一四八四）吉田兼倶が建立した吉田神社の太元宮《たいげんきゅう》斎場所など、また中国や日本の八角塔やキリスト教の大聖堂の影響も考えられるが、いまだ定説をみない。

いずれにせよ、霊廟におさめるような宝塔が天守土台の中心部に置かれていたようであるから、廟堂を意識して建造されたものとみてほぼまちがいないであろう。

神になった天下人

信長の後継者となった秀吉のばあいは、自分で喧伝したところの「日輪《にちりん》の子」の言説がある。天正十八年（一五九〇）の朝鮮国王への返書や文禄二年（一五九三）の高山国《こうざんこく》宛ての国書、また『甫《ほ》庵太閤記《あんたいこうき》』にも挿話がみえる。ヨーロッパの国王や中国の皇帝などの英雄伝説しかり、奇蹟の誕生譚によって、太陽神と太陽王をほぼ同時に表現したものであった。みずから「御天道様」に化身したようなものだ。ちなみに、神国と天道の結ばれ方は、天下人の例だけではない。九州は大友氏の家老立花道雪《たちばなどうせつ》が、「日本は神国と申し候の間、是非、公私御信心、専《もっぱ》ら順儀天道に背《そむ》かれざるの様、御覚悟あるべき事」（「立花家文書」）と書いているように、織豊期の武士の神国観に共通していた。

晩年の秀吉は、盟友前田利家に「そのほう《（方）》をひたりのうて《（左の腕）》とし、わか《（若）》やき申すべく候」（尊経閣《そんけいかく》文庫蔵）と、自筆の手紙を送っている。宛名には「はんくわい」（樊噲《はんかい》）とみえる。利家を高祖劉邦《りゅうほう》の腹心、樊噲（武侯《ぶこう》）になぞらえて、左腕のごとき重臣として顕彰した。となれば、秀吉は自分自身を、ひとしく「百姓」出身にして統一国家を樹立した前漢初代皇帝、劉邦と見なしていたことになる。

太閤秀吉は、中華帝国の皇帝を理想としていたに違いない。

その一方で、大村由己の『天正記《てんしょうき》』では、母（なか、大政所）方の祖父に萩中納言という架空の公家を登場させ、自分を御落胤と書かせていた。結局は秀吉自身が、いろいろな太閤伝説をつくりだしていたわけだ。英雄伝説にはつきものだが、誇大妄想癖のレッテルもはがすことができないほどのはしゃぎぶりであった。

秀吉が京都は三十三間堂の近くに方広寺の大仏と大仏殿を造らせたことはよく知られている。天正十六年（一五八八）に基礎工事に着工したが、朝鮮出兵の影響で造作は中断、文禄四年（一五九五）、ようやくほぼ完成に近づいたようだ。当時の毘盧舎那仏《びるしゃなぶつ》は丈六（約十八メートル）、重層瓦葺きの大仏殿は二十丈の高さであった。木造の大仏には漆喰を塗り重ね、その上に金箔が捺し貼られていた。開眼供養を待つばかりであった。ところが、翌慶長元年の大地震によって、もろくも崩れ去ってしまったのである。その後、善光寺の阿弥陀如来が安置されたことは有名だ。さらに慶長十七年（一六一二）に秀頼が再建し、六丈三尺の金銅仏を安置した。方広、すなわち仏法を意味する寺号は、松永久秀の兵火にかかり大仏を失った東大寺の、方広会《ほうこうえ》からとったといわれる。

後陽成《ごようぜい》天皇の聚楽第《じゅらくてい》行幸の三カ月後、天正十六年七月に発布された有名な刀狩り令には、百姓から集めた刀・脇差・鑓・鉄炮は、大仏造立の釘や鎹《かすがい》に鋳直すことが書かれており、現世利益と極楽往生を保証する、とうたっていた。一揆の防止策であることは誰の目にも明らかであったが、いわば「大仏理念」とでも呼べそうな、国民の安全保障を宣言したのである。そして、勧農のいわゆる農本主義的な富国論は、「国土安全」「万民快楽《ばんみんけらく》」の基を導いた。

方広寺大仏殿（『豊国祭礼図屏風』、豊国神社蔵）

国家の静謐《せいひつ》、安寧秩序のためには、やはり大仏でなければならなかった。それも神国の国家観と密着していたからである。さきに述べたところの、中世日本紀の神話を想い出してもらいたい。十二世紀初頭、聖武天皇の大仏建立神話として登場した本地垂迹説は、天照大神の本地が大日如来、その仏は盧舎那仏だった。だから鎌倉後期には、大仏造営の勧進聖・行基が、伊勢神宮へ参詣する神話までもが創造されたのであった。日輪の子をことさら宣伝した秀吉ならば、なおさら大仏を新造しなければならなかったのである。

その秀吉は、慶長三年（一五九八）八月十八日に伏見城内で没した。はじめは死の事実を秘匿するため、荼毘にふされることもなく、大仏殿を見下ろす洛外東山阿弥陀ケ峰の仮殿に埋葬された。その後、京都奉行の前田玄以《げんい》は、秀吉を方広寺大仏の鎮守神とするために、大仏殿に隣接して廟社を造営した。おそらく東大寺大仏の鎮守、手向山《たむけやま》八幡にならったものであろう。生前の秀吉は、母の病気平癒をはじめ、九州・関東の制圧、さらには朝鮮出兵の戦勝祈願など、石清水八幡宮にことさら祈禱を憑《たの》んでいた。本人の八幡信仰は、まちがいなく専心的なものであった。引き継いだ豊臣二代の秀頼による慶長の大造営は、同四年の石清水若宮殿の再興とともに見逃せない。尊父・秀吉の後継者の立場はいうまでもなく、神功皇后伝説が真実として語られていた当時の八幡信仰の昂揚を、充分に酌み取ることができよう。

秀吉の死没を伝え聞いた宣教師ヴァリニャーノは、「新八幡」として祀れと言った秀吉の遺言の存在を報告していたが（『十六・七世紀イエズス会日本報告集』）、まさに右の諸点を裏付ける情報である。

翌四年四月十六日、吉田家の宗源神道の秘法をもって、秀吉は神霊として祀《まつ》られた。翌日、その霊廟の前で後陽成天皇の宣命《せんみょう》が読まれた。「豊国《ほうこく》の大明神」の霊験あらたかにして、「天下昇平に海内静謐」と書かれた宣命にしたがって、秀吉は神となったのである。豊国大明神の神号は、吉田兼見《かねみ》の撰によってさだめられた。四月十九日には「正一位豊国大明神」神階の宣下を得た。

秀吉の忌日八月十八日と正遷宮の儀がおこなわれた四月十八日には、勅使の奉幣《ほうべい》がなされ、豊国祭が催行された。その豊国社の賑わいや熱狂ぶりは、当時を活写した『洛中洛外図屏風《らくちゅうらくがいずびょうぶ》』（舟木家旧蔵・右隻）や『豊国祭礼図屏風《ほうこくさいれいずびょうぶ》』にしっかりと描かれている。漆黒に金箔、丹塗《にぬ》りの御霊屋《おたまや》の豊国廟とともに、現在にいたってもわたしたちの視覚に訴えつづけている。そこまで秀吉が想定していたかどうかはわからないけれども、このように神となる所作は秀吉の遺命であった。なお、豊国廟の唐門の遺構は琵琶湖上、竹生島《ちくぶじま》の宝厳寺《ほうごんじ》にある。

御霊《ごりょう》や怨霊といった認定がなされたわけでもない。みずから望んで神になった最初の為政者が秀吉だった、ということは案外と知られていない。もちろん北野天神の菅原道真（天神様）や、鶴岡八幡宮で秀吉が拝んだ源頼朝（白旗大明神）などは有名だが、それらの例は当人の没後にかれらの意志とは無関係に、霊魂を鎮斎《ちんさい》したものであった。

それでは大明神とはいったい何か。明神の神号をさらに尊んで大の字を冠したことは想像されるが、いつからはじまった尊号なのであろうか。

六国史《りっこくし》の最後『日本三代実録《にほんさんだいじつろく》』仁和二年（八八六）八月七日条の告文《こうもん》に、平安京の「松尾大明神《まつのおだいみょうじん》」とあるのがもっともはやい。少し下って、紀貫之《きのつらゆき》の『土佐日記』承平五年（九三五）二月五日条にも、摂津の「住吉の明神」と記されている。大明神の神号が一般化するのは、わが国が末法にはいったとされる十一世紀半ば以降のことのようだが、『延喜式《えんぎしき》神明帳《じんみょうちょう》』によれば国内の鎮守神に大明神の号をもちいていたことがわかる。平安後期における本地垂迹説の展開のなかで、仏菩薩が「大明神」として示現したと見なされたのである。大明神と呼ばれた神は、霊験あらたかなる仏そのものだった。さらに往生伝や神仙伝の弘通《ぐずう》によって、人が神仏として廟に祀られて、大明神となることが普通となったのである。

日光の東照大権現

さて、豊臣家が滅ぼされ、徳川の時代になると、家康はまっさきに豊国大明神の廟社を破壊し、秀吉の仏葬祭を断行した。神として祀られた「秀吉」像を払拭し、神体を否定したかったのである。これも徳川の世を知らしめるための政治的な演出であった。

元和二年（一六一六）四月、大御所《おおごしょ》家康が駿府において危篤となった際、将軍秀忠《ひでただ》は吉田兼見の実弟梵舜《ぼんしゅん》に相談しながら、家康の遺志にしたがって神道式の葬儀を催し、久能山に祀ることが決められた。同十七日に家康が亡くなると、竣工なった仮殿に遺骸がうつされ、二日後に奉葬された。梵舜を中心として、加持、大祓、祝詞奏上が執りおこなわれた。家康もまた遺命のとおり、神となったのである。

七月にはいって平野社と吉田社とが神道灌頂《かんじょう》を勤め、「東照大権現《とうしょうだいごんげん》」の神号が勅をもってさだめられた。関白二条昭実《あきざね》、京都所司代《しょしだい》板倉勝重《かつしげ》、天台僧の傑物天海《てんかい》らの談合によって東照大権現の神号が決まり、翌三年二月二十一日付けで、ほぼ秀吉のばあいと同文の宣命が下された。さらに三月、久能山から日光へと改葬され、四月八日に霊廟へ納められたのである。

家康は吉田神道に関心を示していた。神龍院梵舜の講義も受けていた。『日本書紀』をはじめいくつかの神道書を学び、神道伝授に興味をもった。また天海の主張する、天台宗の山王一実《さんのういちじつ》神道の影響もつよくうけていた。

しかして家康は「権現様」になった。権現とは、本地垂迹説のいう仏・菩薩が化身して日本の神として出現したことを意味し、その神を指してもちいる尊号のことである。家康の葬儀を記録した天海の『山王一実神道塔中勧請鎮座最極深秘式《さんのういちじつしんとうとうちゅうかんじょうちんざさいごくじんぴしき》』にしたがうと、東照大権現の本地仏としては、釈迦如来（一字金輪《いちじきんりん》）に比定していたことがわかる。

信長・秀吉・家康、かれら天下人は、武威を誇って朝廷・公家、寺社の権門を実力で支配して構築した国家公権の体制にあって、神格を有することで、既成の枠組みを超えた永遠なる王権を保とうとしたのではないだろうか。

信長や秀吉がこのんで与えた「天下一」の称号も、日本を絶対優位と見なすこの時期の神国論に通底しているものを感じる。日本は他国に超越した「神国」といった、独善的な国土観が相当意識されていたようだ。

天下の権力者および権力体（政権）のこのような意思と思考の回路は、あくまでも巨大な幻想にすぎない、と一刀両断に切り捨ててしまうことは容易である。しかし、この時代の「神国」像は、中世につくられた「神国仏国」論をプロトタイプ（原型）にはしていたが、戦国期の変革期にそれをかなり変容させ、さらに反転させながら、勢い立ち上がった「文明」としての国家論であった。すなわち、天下人はかかる神国を新たな統一国家論に止揚させ、国内外に向けた武威による王権を、超越的なるものへと観念的に昇華させたのではないか、といまは考えておきたい。

武士の信心と教養

さて、この時期の武士の教養はいかがなものであったろうか。大名クラスの有名な武士ではなく、その家臣や陪臣らのような中・下級の部将ではどうだろう。中世から近世へと移行する時代に神国論は新たな展開をとげるが、かかる武家社会の知的土壌はもっともたいせつな問題である。

元和三年（一六一七）に書かれた『身自鏡《みのかがみ》』は、別名『玉木《たまき》土佐守覚書《とさのかみおぼえがき》』といわれ、毛利元就《もとなり》・輝元《てるもと》・秀就《ひでなり》と、激動の毛利家三代に仕えた部将、玉木吉保《よしやす》の自叙伝である。この時期の覚書は通常、主君・家臣の合戦の様子が主に描写されることが多い。だがこの『身自鏡』は、教育や文学、茶の湯や料理・医学、交通や土地制度といったように、世事諸般の見聞録の趣があって、同時代に生きた武士の教養を推しはかることのできる貴重なものだ。その教養の度合いを、少年期から探ってみよう。

十三歳、元服して吉保を名乗《なのり》（実名）とする。学問・文芸を修めるために、真言宗の勝楽寺に入った。早朝には本尊の大日如来を拝み、梵天・帝釈天、四大天王を、ついで「下界の鎮守」としての、天照大神・春日大明神、熊野三所権現、八王子玉置大明神以下の大小神祇・諸仏に、武運長久・子孫繁昌・現世安穏・後生善所《ごしょうぜんしょ》について、回向《えこう》して拝み奉った。日中は文字を手習いし、般若心経・観音経を看経《かんきん》（黙読）した。夜は蛍雪《けいせつ》の光をあつめて、庭訓往来《ていきんおうらい》・貞永式目・童子教《どうじきょう》・実語教《じつごきょう》を読んだ。

十四歳の読書は、論語・四書五経、六韜三略《りくとうさんりゃく》（兵法書）、和漢朗詠集《わかんろうえいしゅう》など、昼夜修学す。

十五歳にして、万葉集・古今和歌集、伊勢物語・源氏物語、八代集・九代集その他、古典・和歌の道を学んだ。柿本人麻呂や藤原定家の和学を知った。

十六歳で下山、弓馬《きゅうば》の道の鍛錬に励み、時として蹴鞠《けまり》や連歌《れんが》を嗜んだ。

十八歳のころには、戦陣に着到《ちゃくとう》した。

元和三年、六十六歳の玉木吉保が記憶やメモを頼りにまとめた覚書のため、年代など事実との齟齬はあるようだ。少年期の修学のことについてはそれほど大きな誤りはないであろうが、一種の理想型が述べられているようにもおもわれる。

大日如来をはじめ、護法神の梵天・帝釈天、四大天王を拝し、本地の垂迹にもとづいて天照大神以下の大小神祇を回向して、武家の現世利益と後生を祈誓していた。般若心経や観世音菩薩普門品《ふもんぼん》を読み、往来物や式目を習い、災厄除去の修法《すほう》・童子経法や、経典の格言を抄出した実語教を覚えた。本朝の古典と和歌を学ぶとともに、とくに四書五経の儒学経典を十代半ばで修めた点は留意しておきたい。

このような少年期の武士教育は、特異なものではない。当時の中・下級武士にいたるまで、教養として身につけさせるべき欲求が、武家社会のなかに生まれていたということができる。なかでも儒学と古典との和漢混淆の修養は、神仏への信心にあわせて、神・儒・仏の統合をはかる思想形成の基盤教育のように感じられてならない。

天正九年（一五八一）、三十歳の吉保は伊勢詣《いせもう》でを思い立ち、同行《どうぎょう》二、三人、小者《こもの》一人の巡礼をおこなった。秀吉の居城・姫路をへて、京都にはいり五日間逗留、洛中・洛外を見物し、信長の安土城をあおぎ眺め、多賀《たが》大明神を参詣して、鈴鹿《すずか》を越えて伊勢山田に到着。伊勢御師《おし》の宿坊に泊まり、内宮・外宮に参った。御師の馳走・案内で神前へ馬で乗りつけ、神楽・初穂《はつほ》を奉納したという。

吉保は、アマテラスはイザナギ・イザナミのことで、天皇から一般人民にいたるまで、皆の「父母」と承って祈願した。二代の天神を混同して誤って書いているが、この時期の武士による神孫の意識と、いわば家族国家観なるものを酌むことができる。伊勢信仰の昂揚は、統一国家の誕生との関連性も見逃すわけにはいかない。ちなみに、戦国期から江戸初期には、風水害や疫病の流行に際し庶民による伊勢信仰への傾倒がみられ、神国を謳った「伊勢踊」の流行もみられたようだ。

さて吉保はその後、玉木家の鎮守であった熊野三山へ、さらに高野山へと参詣路を歩んだ。弘法大師の「尊廟」を拝した高野では、先祖の位牌所、実相院《じっそういん》の藤坊を宿所とした。伊勢御師と同じように、高野聖《こうやひじり》の檀那《だんな》でもあった。ともに師檀《しだん》関係を結んでいたことが明らかで、戦国武士にみる家と個人の信仰形態がよくわかる。

また、この覚書には儒者が登場する。それは玉木吉保四十代半ばころ、慶長大地震の際に太閤秀吉が「大国まで禍」（唐入）をおこない、政道を奉行に委ね、かれらの贔屓偏頗《ひいきへんぱ》によって、仏神の加護が薄れて「天魔禍」をなしたと、儒者に告げられた。豊臣家末代の験《しるし》と、儒者たちが言い合っていたことを述懐している。

そして、秀吉の死は「天下国家皆暗闇《くらやみ》」と、天皇の諒闇《りょうあん》、服喪《ふくも》のように語られ、太閤の王権の身体性が感じ取れるけれども、ここには天道思想の文脈がまちがいなく流れていた。それればかりか吉保は五十歳を間近にして、大坂で儒者から易学《えきがく》を習得した。本人は易道といい、是空《ぜくう》という易名をも得ている。「六十四卦《け》」とあるので、吉凶を占っていたことは疑いない。この『身自鏡』の巻頭に、吉凶をみるための屋敷配置図が載せられていたことも、ここにいたってようやく氷解した。当時、儒学とともに易学も流行していたのである。

さらになお、大坂の陣を前に、家康と秀頼《ひでより》とのいわば宣戦布告状が収められている。秀頼のそれは、秀吉の厚恩を忘れた「表裏の侍」である家康を、故太閤秀吉の「天道正理」をかかげながら、父子（家康・秀忠）ともども征討する、と書かれている。もちろん偽書だが、かりにこのような文書が流布していたとすると、武家の精神のなかに占める天道論の比重は、かなり大きいものといわざるをえない。

伴天連追放令

南禅寺の禅僧、金地院崇伝《こんちいんすうでん》の起草した伴天連追放令の論理は、『善隣国宝記《ぜんりんこくほうき》』の神国仏国論（神国仏国であるから、神助によって仏教が東漸したとする論理）を枠組みとしてつくられていた点は、すでに指摘されている。

ここではまず、『松浦家文書《まつらけもんじょ》』に収蔵されている、天正十五年（一五八七）六月十九日付け五箇条の定書、いわゆる宣教師追放令からみておこう。

その第一条目に、

日本は神国たる処、きりしたん国より邪法を授け候儀、はなはだもつて然《しか》るべからず候事、

と、「神国」の語がある。

第二条目は神社仏閣を破却していた咎が書かれていた。第三条目では檀那を抱え日域の仏法を破った曲事《くせごと》にたいして、二十日以内の帰国、国外退去を命じた。第四条目は黒船商売の許可、第五条目には仏法を妨げなければ、商人以外であってもキリシタン国との往来は許可する、と規制された。

この追放命令はそれほど徹底した政策ではなかったけれども、対外的な観点からの神国論の位置づけとしては重要な意味をもっている。すなわち、キリシタン国の邪法《じゃほう》に対決させるかたちで「神国」が表記され、神社仏閣を破壊することは仏法を破る罪である、とする論法から、対外的な国家認識においては「神国」を対峙させ、宗教的な叙述では邪法と仏法との対立軸を措定していたことが判明するのである。したがって、「神国」という自国表現は、至極、国家論的言説の上に表れた言葉であって、日本の領土を創造しながら、それを国家の実体に合致させようとする政治的意志を感じる。そして、キリスト教にたい

して仏法を前面に押し立てたことは、やはり神国にして仏国という、「神国仏国」の国家認識を基盤とする仏教の政治的な位置づけを前提とする。

ついで、天正十九年（一五九一）七月二十五日付け印地阿毘曾霊（ポルトガル領インド副王）宛て秀吉の返簡（『異国往復書簡集・増訂異国日記抄』）をみよう。「夫《そ》れ吾が朝は神国なり」と書かれた漢文体の外交文書は、鹿苑僧録《ろくおんそうろく》の西笑承兌《さいしょうしょうだ》によって起草されたものだ。そのなかでは、神道・儒教・仏教のことが本朝との関係において説明され、「神道を知れば則ち仏法を知る」こと、儒道を知ることは「人の処世」、すなわち君臣・父子・夫婦関係を規律する「仁義」を知ること、さらに「仁義の道」を知ることは神仏を敬うこと、というように神・儒・仏の三教が循環論のごとく連鎖していた。

この文書は、宣教師によっても翻訳されているので抜粋して掲出しておきたい。

> 当日本王国は神の国にして、吾人は神を心と同一のものと信ず。けだし万物の起源にして、心はすなわち万物の実体にして真の存在なり、しかれば万物はこの心と一物、これに帰結せらる、シナにおいてはこれを儒道と言い、天竺にては仏法と称す、而して日本の礼譲と為政とは、この神の道の遵法《じゅんぽう》に存するところなり。礼譲にして守られざらんか、君臣の別明らかならず。これに反して遵《したご》うて違《たが》わざれば、君臣、父子、夫婦の間に行なわるる和合は完《まっと》うせらる。（中略）吾人はすでに神々のこの道を堅固にす

るものなれば、ここに新たに他の教えを望むべきにはあらず、民にして（心を）更めてその説を違え道を異にするところあらば、（当）国にとりて有害のものとなるがゆえなり。この理由によりて予は伴天連らの日本退去を命じたり、

ここに引用したフロイスの『日本史』によれば、これは秀吉がロドリゲス修道士と相談して作成した書簡で、さきに起草された外交文書を修正して、翌二十年十一月に出された「二度目の書簡」（正式な返書）であったという。この訳は、承兌の漢文とはもちろん相違が認められる。

文意は伴天連の追放をおこなうための根拠の説明に終始されていて、わが神国としては、神々の道の遵法による国家・社会秩序の和平を侵す有害な教説を排除する、という論理になっていた。承兌の外交文書はそれ自体として、政治思想の観点から神国論を問題視すべきであるが、『易経《えききょう》』の神「陰陽不測《いんようふしき》」を引用して日本の神を説いた矛盾を追及することは、この翻訳された「二度目の書簡」に関しては必要としない。もっとも、まえにふれたとおり、唱導のための表白《ひょうびゃく》をもって鎌倉中期に編集された『転法輪抄《てんぽうりんしょう》』には、つとに「陰陽無測」は「神明」であると書かれていた。比叡山延暦寺の日吉社を基盤とするいわゆる山王神道では、『易経』の神をひいて、日本の「神」を説明していたことがわかる。したがって、このような神国論が戦国・織豊期だけの特質というわけではない。むしろかかる

歴史的伝統を前提とした思考であって、なおまた、三国世界観をも取り込んで、神道・儒教・仏教の三教を一致させて、日本文明の優越性を主張する論説であったのである。

ともあれ、宗教思想上の日本の優越観念を、ポルトガルのインド副王にたいして教唆する必然性はなく（対外認識上は克服されていた観点）、貿易を最優先させながら、キリシタン国の「邪法」の排除を目的とした外交文書であったといえる。とすれば、諸外国に対峙された神国国家は、主に国内統治の機能を果たした日本の領土観であり、統一国家の政治イデオロギーと見なすことが正しい理解であろう。

ただし、サンフェリペ号事件で、二十六聖人の処刑を伝聞した醍醐寺座主《ざす》の三宝院門跡義演《ぎえん》は、自身の『義演准后《じゅごう》日記』慶長元年（一五九六）十一月十五日条に、「仏法は未だ地に墜ちず、神国の奇特《きどく》」と書き記した。仏法に守護された「神国」の不思議（霊験）に感嘆したわけだ。ひとしく、キリスト教（邪法）を仏法（正法）と対決させ、キリシタン国を「神国」の対極に据えた点に鑑みると、この時代の知識人や政治家に共通したところの国家論や宗教観が鮮明となる。

宣教師の観察

さらに、神国観の社会的なひろがりを探るために、宣教師らの記録や著作に注目しておこう。

『邦訳日葡辞書』を繙くと、「Xincocu シンコク（神国）、Caminocuni 神（Camis）の国、すなわち、日本」と説明されている。たしかに、神・儒・仏の一体化を神と称したといわれるような「神」ではあっても、またはそのことを理解していなくとも、宣教師らによって「神国」や「神の国」という言葉が採録されていることから、当時の社会一般に通用していた点がわかる。

ルイス・フロイスの『日欧文化比較《にちおうぶんかひかく》』には、

われわれは唯一万能のデウスにたいしてすべて現世および来世の幸福を希《こいねが》う。日本人は神 Camis に現世の幸福を求め、仏 Fotoqes にはただ求霊のことだけを希う、

とみえる。

一五四八年（天文十七）、イタリア人宣教師ニコラオ・ランチロットの日本報告（『日本関係海外史料　イエズス会日本書翰集』）によれば、日本人の信仰形態として寺院と神社の「二種類の信仰の家」があったという。また、イエズス会の一五八五年（天正十三）の日本年報（『イエズス会日本年報』）には、「この神々に対しては直接一切の幸福・健康・長寿・富貴・子女、敵に対する勝利等を祈るのである」と書かれている。

これらのいわば神国日本の観察記録によると、神・仏の信仰や作法にたいする異同をた

しかめることができる。宣教師たちの眼には、日本人の信仰のなかの神と仏との棲み分け、現世利益と極楽往生への信心の分離のように映っていた。外国人の偏見と誇張ではないか、とみるむきもあるけれども、しかしまえに検討した真宗の談義本などの記述を忖度《そんたく》すれば、神々への現世利益の追求（タノム〈憑む〉）は、身分階層にたがわず共通しているようにおもわれる。

永禄十年（一五六七）、吉田兼右《かねみぎ》の著した『日本書紀聞書』には、「神道において三教を沙汰する事これ有り、一には寿命、二には無病、財宝、云々」と記されている。これなどは『尚書』（洪範）にみえる「五福」「六極」の部分引用の感はあるが、以上の諸点を考えあわせると、中・近世移行期の信仰の形態を考察するばあいには、現世と来世にかなった神と仏との都合のよい使い分けと、その役割分担が既知のところであった点を想定しておかなければならない。この時代の神仏観から、現代に連なるその信心の源泉をすくいあげることができるような気がする。

対明外交と朝鮮出兵

まず、文禄二年（一五九三）六月二十八日付けの秀吉朱印状《しゅいんじょう》による「両国和平条件」（『善隣国宝記　新訂続善隣国宝記』）を紹介しよう。

明国の勅使にたいして遣わされたこの条目は、第一条目の冒頭に「夫《そ》れ日本は神国なり」と書かれており、神孫の天帝が統治してきた国家を強調している。「神国」の表記はさきのインド副王宛て文書と共通しているけれども、天竺・震旦・日域（本朝）の三国世界観は述べられていない。神はすなわち天帝であるとして、「神代の風度《ふうど》」によって王法（帝王の道）が崇められてきたことにふれ、ついで、「朝命」を軽んじ戦国の「英雄争権」となったが、「予（秀吉）懐胎の初め、慈母の夢に日輪《にちりん》胎中に入る」と、天帝のような秀吉の「日輪」降誕神話をあえて喧伝したものであった。以下の文では、国を憂いて、聖明を神代に復し威名を万代にのこすために、十有余年で国家を統一したことが特記されている。

しかしながら、豊臣政権における対明外交文書はこの一通だけであって、そればかりかこの条目は、中国側の史書には見あたらないので、明の皇帝には送り届けられなかったと考えられている。

一方、朝鮮侵攻においては、いくつかの従軍記録がのこされている。なかでも「神国」の記載をともなうものには、平戸領主松浦鎮信《まつらしげのぶ》の家臣吉野甚五左衛門《じんござえもん》の『吉野日記』と、加藤清正家臣の下川兵大夫《へいだゆう》の『清正高麗陣覚書《きよまさこうらいじんおぼえがき》』が知られている。前者の日記には、次のようにある。

日本は東海はるかに隔《へだ》たつてわずかの島たり、大国にくらぶれば九牛が一毛たりといへども、日本は神国たり、よつて神とう《（道）》めうゆう《（猛勇）》のき《（気）》有り、人の心の武《たけ》き事三国にもすぐれたり、其の故に仁王十四代ちうあい《（仲哀）》天皇のきさき神功皇后《じんぐうこうごう》女帝の身として三韓をきりしたがへ給ひしより已来、異国にもしたがはす、

日本は九牛一毛の小国だが、神国であるから、神道の猛勇によるその武威は三国に超越する、神功皇后の三韓征伐以来の独立国家である、と称え揚げて、勝利の士気を鼓舞していたことがわかる。

また後者の覚書では、諸将に先駆けて朝鮮国へ侵攻した加藤清正の軍功を主に物語るが、神功皇后神話や天照大神・八幡大菩薩・摩利支天《まりしてん》の神慮への信仰、拝礼の記述がところどころに散見される。さらに「天道の加護」や「日本は神国」といった文、そして「日本の神々、日本の勢を御守」とみえる。清正は肥後国の藤崎《ふじさき》八幡宮社頭へ神田《しんでん》を寄進し崇敬を篤くしていたので、朝鮮での戦況を好転させることができた、と述懐されている。

戦後の覚書ではあるが、「出征兵士」の記憶がよくまとめられていて、戦場を走る部将たちの精神状態が実感のごとく伝わってくる。戦場に立った中・下級の武士たちにも、否、だからこそ神国の国家観がつよく意識されていたのである。

しかし、文禄二年の加藤清正高麗陣軍法には、「武篇道」にしたがわざる臆病者は「八

幡大菩薩腹をきらせ申すべき事」と書かれていた。また慶長二年（一五九七）の秀吉の出兵軍法にも、この法度に背いた輩は「八幡大菩薩、成敗を加えらるべき」と、ひとしく軍令の処罰規定のなかで、八幡大菩薩による加護と表裏する、起請の神罰がきびしく言い渡されたのである。加護と神罰が、ともに八幡大菩薩の神名のもとに結ばれていた。神々の戦争を宣言したところの権力者の表裏二つの顔と、神威の両義性を直視しておかねばならない。

朝鮮という異国への侵攻ということで、神功皇后と応神天皇（八幡神）の神話がいきおい再生された。かつて蒙古襲来に立ち向かった鎌倉武士は、このような神話を共通の理解とはしていなかった。蒙古襲来以降、神領・神祇の興行の嵐のなかで復活した伝説だった。その後に武家社会へも浸透し、朝鮮出兵のこの時期には、いわば真実の信仰世界へとたかめられたのである。

信長・秀吉に仕えた太田牛一は、秀吉の死の直後に、『太閤さま軍記のうち』という秀吉の軍記物を著している。その「吉祥寺縁起を献上のこと」の項には、同じく神功皇后伝説が描写されている。さらに興味深いことには、皇后自身が福岡の志賀島の吉祥寺に奉納したと伝えられる、神功皇后三韓征伐縁起三巻が、聚楽第《じゅらくてい》の秀吉のもとに献上され、本意の「奇瑞」と語られたことは、縁起自体は偽物であったが、神話が真実と見なされていた証となるだろう。

高祖（劉邦）が危機のとき、大風によって項羽の軍兵を蹴散らし救われた神話をモチーフにしていたとみられるが、八幡大菩薩の「神威」（「正直」なる「霊託」）にもとづく「神ノ徳風」は、蒙古異賊軍を撃沈した。この話は鎌倉末期の『八幡愚童訓』に載っていた。秀吉は御伽衆からこの物語を何度も聞いて、真実として信じきっていたに違いない。秀吉がことさら石清水八幡宮に祈願し、金銭を寄進していたことからもうなずけよう。

それはともかく、八幡大菩薩は、朝鮮出兵に参戦した武将たちに共通する、国家安全、戦勝祈願の守護神であったということができるのである。武士だけではなく、徴用された農民や漁民らの一般の民衆世界にも、神国の神話は宣伝されたものとおもわれる。対外戦争は、もっとも激しい「交通」の場だった。

ところで、秀吉の朝鮮出兵については、東アジア世界の変動のなかで歴史的評価を下す見方がある。すなわち、「華夷変態《かいへんたい》」の問題である。この「華夷変態」とは、現実的には漢民族による漢民族のための国家、大明国という中華帝国が滅亡し、異民族の清が建国されたことで、史上に表現された国家の体制的変態のことである。この説明にしたがうと、大陸の占領を目指した朝鮮半島への出兵は、「華夷変態」を追求したところの、周辺異民族による下克上的な軍事行動であったと解くことになる。領土紛争に明け暮れた戦国時代をへて、列島規模の統一国家が武威をもって建設された。その軍事国家の行く末は、アジアの帝国へと膨張する道を選択したというわけだ。

この国家の理論的な枠組みが、神国国家であった。戦国・織豊期において伝統的な神国仏国論に改変をくわえ、神道・儒教・仏教を混合し合体させて、神国絶対優位の新しいアジアのなかの「文明」を創成したのである。それはまた、大陸侵略のための理論武装でもあったのだ。

家康・切支丹・羅山

家康は、慶長十七年（一六一二）から直轄地《ちょっかつち》のキリシタンの禁教を発布した。同年六月、金地院崇伝《こんちいんすうでん》に命じてノビスパン国王宛ての家康の復章を起草させ、なお布教の禁止を伝えた。そこには、

抑《そもそ》も吾が邦は神国なり、開闢《かいびゃく》より仏を敬尊し、仏と神の垂迹同じくして別無し、堅《かた》く君臣忠義の道、覇《は》国交盟《こくこうめい》の約渝《ゆ》変《へん》無くば、皆誓神を以て信の證《あかし》となす、（『異国日記』）

と書かれている。

さらに翌十八年十二月、全国にたいする伴天連追放の文が、同じ崇伝によって作成された。そこにも、

乾《けん》を父となし坤《こん》を母となし、人其の中間に生まれ、三才是に定まる、夫《そ》れ日本は元是れ神国なり、陰陽不測、これを名づけて神と謂《い》ふ、聖の聖たる、霊の霊たる、誰か尊崇せざるや、況《いわん》や人の生を得るは悉《ことごと》く陰陽の感ずる所なり、

と「神国」の言葉がみえる。

さきに紹介した秀吉の伴天連追放令やポルトガル領インド副王宛て書簡とひとしく、「神国」の語が冠されている。仏と神への信心を基調にしながら、君臣忠義の道や「三才」（天・地・人、宇宙の万物）を説き、それらが神道と結びついて、なお陰陽道思想をくわえて神国のお国柄が論じられている。

『中臣祓《なかとみのはらえ》』が吉田神道において陰陽道の要素を取り入れていたことに関しては、つとに指摘されてきた。兼倶《かねとも》は、元本宗源神道《げんぽんそうげんしんとう》がわが国唯一の固有の神道であると、『唯一神道《ゆいいつしんとう》名法要集《みょうぼうようしゅう》』で唱えた。けれども、「元」は「陰陽不測」（『易経』のいう神）、「本」は「一《いち》念未生《ねんみしょう》」（人間の思念以前）を明らかにすることの意、とみずから書いているように、易学・陰陽道を積極的に受容した神道学説であった。

この吉田家と、秀吉・家康ら天下人やブレーンの禅僧・儒者らとの交流はすでに述べたとおり親密であって、右の禁止令や追放令の記述についても、その共通した理論的背景から充分に理解できるであろう。

その一方、受難の歴史を余儀なくされたキリスト教側にあっては、慶長五年（一六〇〇）、長崎で刊行されたキリスト教の教義書『どちりなきりしたん』（公教要理）の記述は興味深い。天狗（悪魔）に奴隷として囚われの身となっている人々（我等）を、キリストは「自由」に成したまえた。囚人とされた「譜代の所」からの解放を称賛した。ことに悪行と世法は、悪人による「世間」の敵と見なされた。悪人と呼ばれた近世封建国家の為政者たちは、かれらが生み出した「世間」（悪行と世法）に抗った、このようなキリスト教の根本正理へと、弾圧の矛先を向けたのである。

ここで、日本イエズス会の修道士の発言に耳を傾けよう。名はハビアン（通称不干斎《ふかんさい》）、『妙貞問答《みょうていもんどう》』（慶長十年成立）と『破提宇子《はだいうす》』（元和元年成立）を書いて、わが神国を語っている。

①日域は小国とは申ども今宣《い》ひし様に、国常立尊《くにのとこたちのみこと》を初まひらせ、伊弉諾尊《いざなぎのみこと》、伊弉冉《いざなみの》尊《みこと》、天地を開き玉へるの其の始めは、此の国よりなればなり、此の故に日本は神国と申て、神を以て天地の主ともあふぎまひらせさふろう、（『妙貞問答』）

②日本は神国、東漸《とうぜん》の理によりては仏国とも云ふべし、さればにや、仏を罵辱《ばじょく》する提宇子《す》は、当来を待つに及ばず、（中略）日本は神国にして天照太神より次第に受禅《じゅぜん》し玉ひ、（中略）其の御子神武天皇百王の太祖と成し玉ひ、三種の神器天下の護りと成し玉ふ上

は、吾が朝の風俗皆神道によらずと云ふことなし、（『破提宇子』）

①は、尼僧の問答形式を借りたキリスト教の教理書だが、吉田兼倶《かねとも》の神道説を下敷きとして、日本の神国論が述べられている。②は、慶長十三年（一六〇八）にハビアンがイエズス会を脱退したのちに著した排耶書《はいやしょ》である。神国と仏国を等式で結んで、とくに神皇の正統と三種の神器を守護神と考えた。日本の風俗は「皆神道」であったとも記している。前年の慶長十二年（一六〇七）には林羅山が幕府お抱えの儒者となっているが、江戸初期の幕政に参画した頭脳集団の多くがイメージしていたであろう、神道の「風俗」を基調とする神国の理解は、近世から現代にいたるまで、神道論の重大な方向を決定づけた、といってもいい過ぎではないだろう。つまり、宗教としての神道と認知するだけでなく、いわば神国日本の民俗文化（日本的文明）としての神道に衣替えしたのである。

このハビアンと宗教論争をおこなった林羅山は、『神道伝授《しんとうでんじゅ》』のなかで「神国」について解釈している。

③五十　唯一神道付けたり仏神混合

一、人皇の始め神武天皇より千二百余年の間は、神国の風を守り更に別法なし、人皇三十代欽明天皇の時、初めて日本へ仏法渡る、其の後聖徳太子是れを好みて、仏法は花実、儒道は枝葉、神道は根本なりといへり、

④五十一　仏神混合

一、日本は神国なり、然るに仏神一体と見る事は何ぞや、倭姫《やまとひめ》の辞に西天に真人有り、其の教へ伝来すべしと云ふは仏の事を云ふ、（中略）大神宮既に大日なる上は、其の外の諸神も皆仏菩薩の垂迹なりと云ふ、是を両部習合の神道と申すなり、

ここに抜粋した二箇所には、「神国」の語が記されている。③では、兼倶《かねとも》の「三教枝葉花実」説が唯一神道《ゆいいつしんとう》の説明としてまとめられている。④は、仏神混合（神仏習合）・本地垂迹と、両部習合神道《りょうぶしゅうごう》の解説である。

羅山は『本朝神社考《ほんちょうじんじゃこう》』のなかで、吉田兼倶の神道学説は両部神道の盗作である、と手厳しく批判した。その序文には、

夫《そ》れ本朝は神国なり、神武帝、天を継いで極を立てて已来《いらい》、相続き相承けて、皇緒《こうちょ》絶へず、王道惟《もっぱら》に弘まる、是れ我が天神の授《たす》くる所の道なり、

と書かれている。つまり、天の意思を継いだ皇統の一系は、天神が守護する王道であると、神国固有の特質論が主張されたのである。

さらに『神道伝授』の「七十五　神道伝授追加　御即位灌頂事《かんじょう》」では、「王道・神道一なり、是れ鏡を神の心にたとへたるなり、帝王の心明なれと云う義なり」と説いた。王道神道一体の思想、王神一致の道が強調されたことがわかる。王法仏法相依論といった中世

思想の枠組みから、神と仏とを分置し、神人合一《しんじんごういつ》の実現と天道説をあわせた神国論を土台にして、ここに新たな王権論を完成させたということができる。

近世の国家理念

林羅山の師で朱子学は京学派の祖、藤原惺窩《せいか》は永禄四年（一五六一）、下冷泉家の参議為純《ためずみ》の子として生まれた。幼少より神童の誉れが高かったようだが、七、八歳にして播州龍野景雲寺《けいうんじ》の東明和尚《とうみょうわじょう》について仏典を学び、その龍野で相国寺《しょうこくじ》玉龍庵の文鳳宗韶《ぶんおうそういん》に師事、剃髪して宗蕣《そうしゅん》と号し、臨済宗一山《いちざん》派の法統を嗣いだ。

信長・秀吉の時代、相国寺夢窓《むそう》派の南豊軒《なんぽうけん》の弟子となり、禅を修行した。この間、吉田兼見《かねみ》の猶子となったことは、神道と儒教との人的交流の密度をはかる上でも特筆される。

天正十八年（一五九〇）、秀吉が小田原北条氏を滅ぼした年、時に三十歳の惺窩は、来朝した朝鮮国使の儒者から朱子学の教えを受けた。文禄二年（一五九三）、肥前国名護屋《なごや》において家康に謁見したこと、その招聘に応じて江戸へ下向し進講したこと、慶長三年（一五九八）、朝鮮の朱子学者で俘虜とされた姜沆《きょうこう》（号・睡隠、字・太初）との邂逅、姜沆とともに、かれの庇護者で同五年の関ケ原では豊臣方部将として自裁した赤松広通《ひろみち》との交渉など、その動向は注目される。

朝鮮の儒者、姜沆をして「頗《すこぶ》る聡明」といわしめ、羅山からは「博聞強記《はくぶんきょうき》」と称揚された惺窩、かれの著作といわれてきた『仮名性理《かなせいり》』をみよう。

神道には正直をもつぱらとして、万民をあはれむを極意とするなり、上一人正直なれば、下万民すぐなるものなり、上一人欲ふかければ、下万民上のごとくなるものなり、心だにまことの道にかないなば、いのらずとても神やまぼらん、誠の道とは天道のまことなり、（中略）その身正直にして慈悲人に施しぬれば、祈らぬとも神はまもり給ふなり、

この論述は、斯波義将《しばよしまさ》の書とされる『竹馬抄《ちくばしょう》』に酷似している。この著書は惺窩のものではなく、羅山の筆にかかるとする説、また作者未詳ともいわれている。いずれにしても、十七世紀の江戸前期に、天道思想にもとづいた王権論の誕生がうかがい知れるものだ。「天道とは天地のあいだの主人」であって、日本の場合は天照大神である。その掟を守る一国の主は天子といい、この天子は「天道の名代」として、「一国の父母と天道より定め給ふ」ところの存在である、と説かれた。

この主人は、右にみえるように、正直でなければならない。それも神道の正直をもっぱらとすること、さすれば「一国の人民」を治める「真理」に到達する、と断定した。

またその『仮名性理』のなかでは、人を迷わし、惑わしていた当時の僧侶らの仏法が批

判されている。そして、仏典は「異書」、つまり異端の書として論難を下した。『仮名性理』は、おそらく惺窩に仮託し、近世の王権を宣言した書物であったとおもわれる。斯界からこのように顕彰される存在であった惺窩は、中国の宋・明における性理学・朱子学を修め、陽明学《ようめいがく》にも精通し、儒道・神道の一致を導き説いた。さらに、『日本書紀』や『万葉集』を愛読し、冷泉家の出身であったからであろうか、和歌にも深く通じ、国風に慧眼《けいがん》をひらいていた。そして神道は国家の倫理道徳である、と観ており、その立場から国家の枠組みを見通した発言をしたということができる。

かつて、北畠親房が『神皇正統記』で書いたように、神国は神孫である天皇が統治する国といった、神から人への血脈による、タテ型の正統の連続性をもっとも重要視してきた。したがって、中国のように王朝・皇帝の交替に関し、天命による革命であると見なすような天道思想を、そのまま受け入れるわけにはいかなかった。

そこで、朱子学を学んだ者たちは、天命を下す万物の原理としての天道の「神」に、「神国」の「神」を重ね合わせた。そして、神道の正直に専心する神孫たる天皇は、「天道（神）の名代」となった。ということは、さらに天皇の名代が将軍であって、いわば神の陪臣として位置づけられたのである。江戸の将軍（大君《たいくん》）は、近世国家に構築された象徴的な王権を身にまとったといえよう。

中世につくられた「神国」の国土観や国家論は、歴史的な汎用性をもっていた。そして、神国は何々である、というような主語論理主義的な説明は、「神国」にはなされなかった。だからこそ、かかる神国論は時代の潮流のなかで変容し、汎用的な言説をともなったのである。

いいかえれば、そのように変容する「神国」は、それぞれの「場」の状況に応じて多様な意識や言葉を包み込み、新たな神国概念を創出する言説上の装置となっていたということができる。

あえて末法思想と対決せず、王法仏法相依説を補完した中世前期の「神国仏地（国）」論、蒙古襲来以後、鎌倉後期に登場した神国優越（超勝国）論、さらには戦国の乱世、三国世界観を反転させ、三教一致と神道至上にもとづいた新しい神国国家論、そして戦国末期から近世初頭、ついには「神国」という日本固有の「文明」を創造するにいたったのである。

おわりに

日本の中世は「国体の紊乱《びんらん》した」「暗黒時代」であると、かつて近代明治の歴史家たちは観ていた。

中世は、地域の時代である。武士の登場に象徴されるように、地域ごとに自立し、そして自律化する傾向の大きい中世社会が形成された。この情勢に動揺した王朝国家の政治経済体制について、いわば「無国家」と見なされるような中世史像を評言したものである。じつのところは、古代末期の天皇および天皇制のゆらぎのうちから、また「暗黒」のイメージが与えられてしまった中世という時代の潮流のなかから、国土や国家を語るための「神国」が創造されたのであった。

本書では、天下人たちがみずから「神」になろうとした理由を明らかとするために、過去へとさかのぼって、「神国」の史料を探索した。中世における神国論の形成と、その後の変容、とくに神国国家の思考の枠組み（パラダイム）の転換について、史料を読み解いてきた。最後に、本文での考証によって導き出された論点を整理したのちに、はじめにあげた課題に答え、その歴史的な意味をあらためて考えることにしたい。

朝廷の王権の体制的な危機意識に応じて生み出され、成長していった神国論は、「神国」の言葉を語ることで、繰り返し再生産されながら、それぞれの時代状況のなかで展開していった、国土や領土を知らしめるための国家論であった。このような神国論は、神祇信仰にもとづく「神国思想」の宗教的なイデオロギーとして定義するだけでなく、むしろ創成の段階から至極政治的なイデオロギーの主張であったと見なすことができる。

かかる神国の言説上の特質は、「神国は何々である」といった主語論理主義の産物ではなく、「何々は神国である」という、いわば述語論理主義的な同一性によって、みな「神国」と結ばれ、論説としての汎用性をともなっていた点にある。すなわち「神国」の語によって等式化された、「本朝」「日本」や「皇土」「国土」などは、共通する願望にしたがって、どのようなかたちにも変容しうる可能性を秘めていたのである。

このことは十九世紀前半、後期水戸学の尊王攘夷論を確立した、会沢安《やすし》（正志斎《せいしさい》）が著した『新論《しんろん》』のなかの造語「国体」によく似ている。日本独自の国柄と見なされ、とくに定義されないままもちいられ、近代において威を増し自明のごとく語られた国体論は、言説としては神国論に酷似していた。ちなみに国体の文言は、「神を崇《あが》むべきは国体なり」（『転法輪抄《てんぽうりんしょう》』建久元年「八条院日吉御幸」）と、中世前期にはすでにみえる。

中世神国論の成立は院政期に求められるが、それは顕密体制仏教のなかの異端でも、妥協的産物の教説でも、被従属的なものでもない。「神国」の言葉は、院の王権と国土とを結びつける装置であり、王法と仏法との相互補完関係をさらに強化し、顕密仏教の教説に取り込まれながら拡張されたところの政治論を導いた。

初期の鎌倉幕府は、朝廷・公家の影響をうけながらも、封建領域内に独自の神国観をもって、朝廷側から「内なる脅威」と警戒、畏怖された点を払拭しようとした。朝廷の「神国」との距離をはかりながら、みずからの政権を位置づけていった。

承久の乱以降における公武の力関係の転換によって、天皇や朝廷がしっかりと相対化され、なお王権の正当性を決定づける「百王鎮護」論や「神徳」論が、神国の国土観を前提として主張された。

このような神国の論説からすると、蒙古襲来を「神国思想」昂揚の契機点と考えることは否定しないけれども、襲来以前からの王権のゆらぎの状況をもっと重視すべきではないか、とおもう。ただし、この対外戦争を通してとりわけ見逃せない問題は、「神国」の言葉をもって語られてきた「国土」の概念が、中世封建制国家を形成する「領土」（境界）

に即して説明されるようになった点にある。

ついで十四世紀以降の中世後期にはいると、領土としての「神国」を喧伝することで、仏教的な世界観にもとづく「神国仏地」説の劣等的な国家観の超克が推し進められた。否、いきおいすでに脱却しつつあった劣等意識を恣意的に宣揚し、「日本」や「国土」を特殊かつ優越視する神国論への変容を導いた、と考えたほうが正しい理解であろう。中世前期からの神国論の主たる到達点であった北畠親房の『神皇正統記』では、天照大神の世から連綿とつづき、神によってさだめられた正統なる天皇が国王として統治してきたがゆえに、わが大日本国は神国である、と論説された。

十五世紀後半には仏教的三国世界観を反転させ、「神国」の言説を通して、いわば絶対優位の国家論が形成された。それも朝廷の王権のもっとも大きな体制的危機に突入した、戦国時代であったところに注意しておかねばならない。かかる政治イデオロギーの転換は、宗教的な社会環境の変化とも無縁ではなかった。旧来の権門寺社はもとより、鎌倉新仏教（一向宗や法華宗など）においても神国論を受容し、民衆の神祇の俗信にも寛容な面を示した。都市教団の発展過程における、まさに内なる変換として捉えることができる。

十六世紀、中世から近世への変革期に、戦国大名は神国観の主な構成要素であった儒学と密着した神道教説を積極的に受け入れ、「分国」（国家）の政治理念とした。さらに、天下の統一政権は封建国家を観念的に統合するために、神国論を土台とした政治秩序を創出していった。ここに新たな統一国家論としての、神国の完成をみることができるのである。その一方で、現世加護を追い求めた神祇崇拝（神仏を憑《たの》む）において、生活規範や風俗と認知されるような神国の社会観が一般に醸成されていた。また現世利益と極楽往生の便利なつかいわけがなされたように、いわゆる神仏併置や神仏分置といった社会思潮を推しはかることができる。このような宗教的な環境のもとで、宗門と家の制度からみた仏教の民衆化の本格的な達成とともに、ひとしく神祇信仰が「神道」というかたちで、宮座儀礼を核とする地域社会にひろまったのである。

そこでさらに、神国のパラダイムのなかの「正直」の問題を考えあわせながら、神国をめぐる議論を深めてみたい。

『今昔物語集』にもみえるとおり、「正直」とは人の徳を評価するときに語られた言葉であった。中世の旧・新の仏教を問わず、公・武の世界でも、神国とともに正直の心性が説かれた。したがって中世の正直観は、神仏の教説や公武の言説のなかでひろめられて、慈悲や有徳の人間像を形成し、とくに神国国家論の確立の過程において、倫理道徳の作法として定着したといえよう。

戦国時代の吉田兼倶が「神道は道理をもつて正直たり」（「侍所沙汰篇《さむらいどころさたへん》」）と述べている

ように、「正直」は神道の道理と等式で結ばれた様態を基調としていた。いわば神国の心持ちと見なされる。そして、鎌倉末期の慈遍の教説にしたがえば、清浄と正直の徳を実現することによって人の心性の理想的な状態を生み出せる、人間救済の思想となる。

このような視座からすれば、「穢」(ケガレ)を心身の内面から清浄化すると教えた正直の観念は、神国の内に生じた暴力からの救済をうながすように作用したと考えられる。

「穢」とは、起源の異なる多様な観念の総体で、清めによって分類され、認知されてきたものである。また本来、穢と差別とは別物であったけれども、触穢《しょくえ》と展転(伝染)の観念によって差別意識が生じ、穢による種姓の身分が形成されてしまった。公家社会と寺社勢力のなかで構築された「穢」の法社会秩序は、穢と罪とを合体させた政治イデオロギーに転換し、穢と差別とを結合させて、抑圧の体系をつくりだした。それが、ここでいう「暴力」のことである。

中世仏教界における浄土真宗や日蓮宗などの異端派も、律宗に代表されるような旧仏教勢力のなかの改革派にしても、それら鎌倉仏教の宗教運動は、このような暴力からの救済を目指した。さらに権門寺社の側からも、清浄と正直を結び、触穢観念をこころの内面から排除して差別意識を払拭しようとする社会思想が、神々への正直なる信心の面からかたちづくられた。

もっとも日本の神々は、国土を守護するばかりでなく、時に災厄をもたらし、暴力をふるった。

神仏がもたらした心身への暴力は、戦時や災厄の非日常世界における神事違例、その荒神による「荒魂《あらみたま》」の発露をめぐって、神霊の威力を体感しようとした共時的な意思と、「穢」をもってかかる神威を再生させようとする神国の言説の場に発生した。その「荒魂」は、祭祀をおこなうことで鎮められて、一転「和魂《にぎみたま》」（平常の霊魂）となる。コインの表裏のような両魂は、聖なる清浄なる神が、ケガレにふれ（触穢）、浄と穢、聖と俗、救済と暴力といった両義性をともなってあらわれた。

王権（政権）による神事や神領にかかわる寺社興行の政策は、二つの「魂」の反転の繰り返しに対応した、政道論を土台にしている。たとえば北畠親房が、祭祀の精神としての正直こそが神国の政道の根本原理であったと『神皇正統記』のなかで指摘したように、「国家」を存続させるためにその王権が保障しなければならなかった、安寧秩序（安全保障）の問題にかかわっている。

そこで、救済の理念と天道の政道論を結合した「正直」は、神国を通して語られたときに、国家の安全保障という主題において、ナショナリズム的な意義をもったのである。つまり王権は、国土と領土を説いた神国国家論によって、みずからが依って立つ基盤を再構築しながら、こころの内面の安全を正直なる心性に求めた。それが有徳観（人徳と富裕）といっしょになって、社会の諸階層に浸透していったのである。

もとより中世の武士は、神国の理念から排除されていた。殺生を業とするけがれた野蛮な身分として、公家が創造した「神国」の矛先に立たされていた。しかし、武威をまとった王権の守護者として、朝廷が承知せざるをえないような政治状況のなかで、神国国家の理論的な枠組みに武家が包み込まれてしまった。公家・寺社・武家による中世の権門体制は、その神国の様相を論説するための国家論である。

南北朝の内乱期をへて京都に成立した室町幕府は、前代からの王権の権能を背負わざるをえない場面にしばしば遭遇した。権門寺社の国家祭祀を主導することにかかわって寺社領を興行し、なお権門寺社の訴訟の方向も朝廷から幕府（室町殿）へと大きくシフトした。京都の武家政権が、神国国家の主軸に巻き込まれていったということができる。幕府は朝廷の権能を簒奪《さんだつ》することを企てていた、というよりも、王権に絡みつく諸勢力が武威に期待を寄せた結果であったと考えられるのである。

日本史上の大きな分水嶺といっても過言でない、応仁・文明の大乱が勃発した。これを契機に戦国の世へと突入していく。封建的分権化の進運に抵抗感をおぼえた朝廷や、公家社会にうごめく知識人（貴族・学者・宗教者）たちは、仏教的三国世界観をまったく反転させた神国中心主義に陶酔し、列島規模の神国グローバリズムに新たな夢を託した。

織田・豊臣・徳川の武家政権は、地方の分国大名を服属させて、近代へと連続していく列島規模の国家をはじめて立ち上げた。全体的な安全保障体系と統一的な国税主義に貫かれ、人民と土地のトータルな支配を完成させた国家体制に鑑みると、地域の個人が「国家」（領土）を否応なく自覚させられた、近世の国民国家の誕生であったといえる。

この国家の理念は、儒教・仏教・神道の三教一致、また易学や陰陽道、天道論などが混成された日本固有の文明、すなわちこの時代の神国論にもとづいていた。朝廷・公家・寺社の中央社会のなかでつくられた神国論を基盤としながらも、天下人たちが共有した神国の新国家像だった。かれらは、まちがいなく「日本は神国である」と考えていた。

この神国イメージを脳裏に描いた信長は、安土城を廟堂になぞらえて、生きながらにして「神体」を宣言した。天下一統をなしとげて列島規模をはるかに超えた「領土」の想念をいだいた秀吉は豊国大明神に、そして関東に幕府をひらいた家康は日光の東照大権現になったのである。このように天下人は、みずからを神格化した。中国の皇帝のごとく振る舞い、伊勢や石清水の宗廟（天子の祖先神の社）と同じように、御霊屋《おたまや》に祀られて人が神になることを熱望した。いわゆる「人霊祭祀」を身をもって実現したのだ。

それは、なぜか。

武威（正当と見なされた暴力）による「武篇道《ぶへんどう》」（武士の正道＝武勇の道、『信長公記《しんちょうこうき》』）をきわめ、自主独立の新国家を建設したからには、国の内外に建国を宣言し、独自の王権を誇示しなければならなかった。もはや、中国の皇帝から「日本国王」の称号を賜った室町殿の王権とは異なる。かつての中華帝国を理想としつつも、日本固有の文明と考える「神国」に立ちあらわれた新政権であった。

この神国をわがものとした天下人は、歴史的な「叡慮」（天皇の意思）、および宗教勢力のかざした「神慮」や「冥慮」、また「神威」や「仏威」などによって築かれてきた、朝廷の王権を否定することはしなかった。それどころか、これらの権威を統合して、武家政権と融合させたかたちで新しい神国の統一王権を構築しようとした。このような神国国家構想をかかげたからには、天皇および天皇制を経済的にささえ、莫大な寄進と国家的なプロジェクト事業によって、伝統の大寺社を再興しなければならなかった。そして江戸時代にはいると、禁中並公家衆諸法度や宗門人別制度といった法令や政策をもって、理想の実現に向けて政治が動いた。

これらのことを考え合せると、やはり神国の理念のなかから生まれたかかる帝王観が、天下人をして、みずからを「神」として祀《まつ》りあげたのではないか。天下統一の神仏に対する誓約を成就させたからこそ、「神」になれるものと信じていたに違いない。

歴史と伝統を背負った国王（天皇）身分をもたない、下克上の時代の寵児であった天下人は、統一国家の権力を、神＝天がさだめた王権であると周知させるべく、天下の武威を誇示し、その正統性を喧伝した。だからこそ、信長、秀吉、家康のおのおのが、ともに神格をもって、みずからを新しい神国の「建国の父」として顕彰する必要があったのだ。じっさいには関白や太政大臣、将軍といった地位に就いたけれども、文明としての「神国」の統治権者の立場は、あたりまえのように「神」になる道を選ばせたということができる。

以上がはじめの課題にたいする、わたしなりの回答だ。

しかしながら、その歴史的な意義を見直すと、かれら天下人の本意とはかけ離れてしまう。たとえ政治的な大演出と見なされたとしても、天下人が神になって、伊勢の天照大神を頂点とする日本国中の大小神祇の体系に連なったという歴然たる事実は、神々の礼的序列のなかで、天下人が「人霊」として特定の位置に据えられてしまったことを意味する。もはや新しい神国の誕生神話とはならなかった。いわば「連続する神国」と認知されるような、太古からの歴史の古層に吸い込まれてしまったのである。

そして、天下人の意志とは無関係に近世武家政権があくまで眼前の支配者として相対化されたとき、神国のナショナリズムは、近世に誕生した「国民」のこころの深層から、安全を保障しようとする巨大な言説へと成長していった。たとえば、伊勢への御蔭参りやええじゃないかの大流行などは、遊興とマス・ヒステリックな心性をともないながらも、神国の宗教文化としての定着をみてとれる。

ここにいたって、身分や階級を超えた国家レベルの「神国思想」の文化形成ということができ、中世の神国論が天皇制国家の共同体理念へと確実に転換していったことがわかる。

かくして、中世につくられた神国のパラダイムは、近代の天皇制共同体国家を創造するための、もっとも重要な初期設定であったということができるのである。

【主要参考文献一覧】

赤松俊秀『日本仏教史Ⅱ　中世篇』法藏館、一九六七年
朝尾直弘『日本の近世1　世界史のなかの近世』中央公論社、一九九一年
安蘇谷正彦『神道思想の形成』ぺりかん社、一九八五年
今谷　明編『王権と神祇』思文閣出版、二〇〇二年
網野善彦『日本の歴史10　蒙古襲来』小学館、一九七四年
　『増補　無縁・公界・楽』平凡社選書、一九八七年
荒野泰典「天竺の行方―三国世界観の解体と天竺―」（『中世史講座』一一、学生社、一九九六年）
飯沼賢司『八幡神とはなにか』角川選書、二〇〇四年
石井　進『日本の歴史7　鎌倉幕府』中央公論社、一九七四年
石毛　忠「思想史上の秀吉」（『豊臣秀吉のすべて』新人物往来社、一九八一年）
井上寛司「「神道」の成立―神社史研究序説―」（『大阪工業大学紀要』四六―一、二〇〇一年）
　「中世末・近世における「神道」概念の転換―日本における「神道」の「宗教」化の一過程―」（『大阪工業大学紀要』四八―一、二〇〇三年）
井原今朝男『中世寺院と民衆』臨川書店、二〇〇四年
今堀太逸『神祇信仰の展開と仏教』吉川弘文館、一九九〇年
入間田宣夫『百姓申状と起請文の世界』東京大学出版会、一九八六年
上田本昌「日蓮聖人の神祇観―天照大神・八幡大菩薩を中心として―」（『日本名僧論集第九巻　日蓮』吉川弘文館、一九八二年）
大石雅章『日本中世社会と寺院』清文堂、二〇〇四年
大桑　斉『日本仏教の近世』法藏館、二〇〇三年

大隅和雄「中世神道論の思想史的位置」(『日本思想史19　中世神道論』岩波書店、一九七七年)
太田兵三郎「藤原惺窩に就いて」(『藤原惺窩集』巻上、国民精神文化研究所、一九四一年)
大塚統子「『一宮記』の諸系統―諸本の書誌的考察を中心に―」(『中世一宮制の歴史的展開　下』岩田書院、二〇〇四年)
岡田荘司『平安時代の国家と祭祀』続群書類従完成会、一九九四年
小川　信『山名宗全と細川勝元』新人物往来社、一九九四年
岡本良知『九州三侯遣欧使節行記』東洋堂、一九四二年
海津一朗『蒙古襲来―対外戦争の社会史』吉川弘文館、一九九七年
「日本＝神国観の成立をめぐって」(『史海』四八、二〇〇一年)
加地伸行『日本は「神の国」ではないのですか』小学館文庫、二〇〇〇年
柏原祐泉『真宗史仏教史の研究Ⅰ　親鸞・中世篇』平楽寺書店、一九九五年
上川通夫「中世仏教と『日本国』」(『日本史研究』四六三号、二〇〇一年)
河内祥輔『中世の天皇観』山川出版社、二〇〇三年
河音能平『中世封建社会の首都と農村』東京大学出版会、一九八四年
神田千里『日本の中世11　戦国乱世を生きる力』中央公論新社、二〇〇二年
『島原の乱』中公新書、二〇〇五年
鍛代敏雄『中世後期の寺社と経済』思文閣出版、一九九九年
「日本中世『正直』考―政治社会思想史の一齣―」(『栃木史学』一五、二〇〇一年)
「中世『神国』論の展開―政治社会思想の一潮流―」(『栃木史学』一七、二〇〇三年)
北島万次『豊臣政権の対外認識と朝鮮侵略』校倉書房、一九九〇年
「『日本は神の国』とはどういうことか」(『歴史評論』六〇四、二〇〇〇年)

金龍　静『一向一揆論』吉川弘文館、二〇〇四年
黒田俊雄『日本中世の国家と宗教』岩波書店、一九七五年
　『寺社勢力―もう一つの中世社会―』岩波新書、一九八〇年
　『王法と仏法―中世史の構図』法藏館、一九八三年
黒田日出男『龍の棲む日本』岩波新書、二〇〇三年
久保田　収『中世神道の研究』臨川書店、一九五九年
河野昭昌「粗描・興福寺から見た筒井順慶―中・近世移行期興福寺の意識を探る手掛かりに―」（『多聞院英俊の時代―中世とは何であったか―』二〇〇一年）
後藤紀彦「『詞不可疑』考―頼朝・泰時・文覚・明恵像の素材―」（『年報中世史研究』四、一九七九年）
財団法人前田育徳会尊経閣文庫編『前田利家関係蔵品図録』新人物往来社、一九九九年
酒寄雅志「古代日本と蝦夷・隼人、東アジア諸国」（『日本の時代史4　律令国家と天平文化』吉川弘文館、二〇〇二年）
相良　亨『日本人の心』UP選書、一九八四年
桜井好朗『祭儀と注釈』吉川弘文館、一九九三年
佐々木馨『中世仏教と鎌倉幕府』吉川弘文館、一九九七年
佐々木潤之介「東アジア世界と鎖国」（『中世史講座』一一、学生社、一九九六年）
佐藤弘夫「神国思想考」（『日本史研究』三九〇、一九九五年）
　『鎌倉仏教の諸相』吉川弘文館、一九九九年
　『アマテラスの変貌』法藏館、二〇〇〇年
下村　效『日本中世の法と経済』続群書類従完成会、一九九八年
鈴木大拙『日本的霊性』岩波文庫、一九七二年

関　幸彦『神風の武士像―蒙古合戦の真実―』吉川弘文館、二〇〇一年
平　雅行「神仏と中世文化」（『日本史講座』四、東京大学出版会、二〇〇四年）
多賀宗隼「称名寺所蔵金沢文庫保管転法輪抄について」（『金沢文庫研究紀要』八、一九七一年）
高木昭作『将軍権力と天皇』青木書店、二〇〇三年
高橋美由紀「中世神国思想の一側面」（『東北福祉大学紀要』九―一、一九八五年）
「室町時代の伊勢神道―荒木田守晨を中心として―」（『日本思想史』六四、二〇〇三年）
田中健夫『訳注日本史料　善隣国宝記　新訂続善隣国宝記』集英社、一九九五年
玉懸博之「中世神道家の歴史思想」（『日本思想史』三三、一九八九年）
田村圓澄『日本仏教思想史研究　浄土教篇』平楽寺書店、一九五九年
千々和到「中世民衆の意識と思想」（『一揆4　生活・文化・思想』東京大学出版会、一九八一年）
逵日出典『八幡宮寺成立史の研究』続群書類従完成会、二〇〇三年
出村勝明『吉田神道の基礎的研究』神道史学会、一九九七年
問屋真一「十六～十七世紀初頭の摂津国兵庫津史料―棰井家文書の紹介―」（『神戸市立博物館研究紀要』四、一九八七年）
戸頃重基『天皇制と日本宗教』伝統と現代社、一九七三年
内藤湖南『日本文化史』講談社学術文庫、一九七六年
永井義憲・清水宥聖編『安居院唱導集』上巻、角川書店、一九七二年
永島福太郎『奈良』吉川弘文館、一九六三年
中村雄二郎『西田幾多郎』岩波書店、一九八三年
奈良国立博物館監修『社寺縁起絵』角川書店、一九七五年
丹生谷哲一『検非違使―中世のけがれと権力―』平凡社、一九八六年

西田長男「三教枝葉花実説の成立」（『日本神道史研究』四、一九七八年）
新田一郎『中世に国家はあったか』山川出版社、二〇〇四年
貫　達人『鶴岡八幡宮寺―鎌倉の廃寺―』有隣新書、一九九六年
芳賀　登『国家概念の歴史的変遷Ⅱ　中世国家と近世国家』雄山閣出版、一九八七年
早川庄八『中世に生きる律令』平凡社選書、一九八六年
原田正俊『日本中世の禅宗と社会』吉川弘文館、一九九八年
肥後和男「我が国に於ける国体意識の発達」（『肥後和男著作集第Ⅱ期』教育出版センター、一九九三年）
平泉　澄『中世に於ける社寺と社会との関係』至文堂、一九二六年
『岩波講座日本歴史　中世に於ける国体観念』岩波書店、一九三三年
平田俊春『神皇正統記の基礎的研究・本論』雄山閣出版、一九七九年
二木謙一『慶長大名物語―日出藩主木下延俊の一年―』角川選書、一九九〇年
細川涼一「蒙古襲来と神々の戦い」（『神道を知る本』宝島社、一九九三年）
堀　新「織田信長と勅命講和」（『戦争と平和の中近世史』青木書店、二〇〇一年）
「信長・秀吉の国家構想と天皇」（『天下統一と朝鮮侵略』吉川弘文館、二〇〇三年）
三浦周行『法制史の研究』岩波書店、一九一九年
『日本史の研究』岩波書店、一九二二年
『続法制史の研究』岩波書店、一九二五年
三橋　健「度会常昌と夢想疎石との邂逅」（『日本思想史』六四、二〇〇三年）
三橋　正『平安時代の信仰と宗教儀礼』続群書類従完成会、二〇〇〇年
村井章介『アジアのなかの中世日本』校倉書房、一九八八年
村田正志『村田正志著作集第四巻　證註椿葉記』思文閣出版、一九八四年

村山修一『日本陰陽道史総説』塙書房、一九八一年
牟禮　仁『中世神道説形成論考』皇學館大學出版部、二〇〇〇年
山口昌男『天皇制の文化人類学』岩波書店、二〇〇〇年
横井靖仁「中世成立期の神祇と王権」(『日本史研究』四七五、二〇〇二年)
義江彰夫『神仏習合』岩波新書、一九九六年
米原正義『戦国武士と文芸の研究』桜楓社、一九七六年
『戦国武将と茶の湯』淡交社、一九八六年
『天下一名人　千利休』淡交社、一九九三年

【付記】この他にも、多くの著作や辞書類を参照しましたが、紙幅の都合により割愛させていただきました。ご寛恕を乞いたいと存じます。

あとがき

『先祖の話』のなかで柳田國男は、「日本は神国」であるという言葉を口にした人々が今より昔は多かった、と書いています。日本人の祖先崇拝・死者礼拝・祖霊信仰と語り人たちとの関連について、詳しくは知り得ません。だが近年も、当時の首相のいわゆる「神の国」発言が話題となったように、〝神国にして仏国〟といった国土観の裾野は想像以上に広いのではないか、とおもいます。

小著では、「神国」と記された文献史料を一つひとつ拾い蒐めながら、時間軸にしたがって並べ替え、古代から中世末期、近世初頭あたりまでの神国論の展開を概観してみました。ここ数年の作業過程は、「日本文化史」の授業で、聴講の学生たちの反応をたしかめながら披露してきました。先行研究の貴重な成果はいうまでもありませんが、担当させてもらった講座に出席した多くの学生のお蔭で、ひとまずまとめることができました。

ところで、紙幅の都合により本文で割愛したテーマが二つあります。一つは「穢」（ケガレ）、いま一つは「正直」。これらは別物ではなく、神国にかかわってつねに交通しあっています。ケガレは清めや祓いによって分類され、その触穢《しょくえ》との遠近と軽重が決定されました。この観念は、一種の社会秩序を構築する成因として考えられています。そして本来的には、「差別」と等式で結ばれていたわけではなかったものが、身分社会のなかで賤視観と忌避観とが統合されてしまったようです。このような「穢」を、こころの内面から清浄化する真意が、「正直」の語義に含まれています。

一般に通用している俚諺《りげん》をひいてみましょう。

・正直の頭《こうべ》に神宿る　・正直は一旦の依怙《えこ》にあらざれどもついに日月の憐みを被《こうむ》る

・正直の儲《もう》けは身につく　・正直は一生の宝　（『日本国語大辞典』小学館）

ここから、正直・神仏・福徳の総体としての心性を酌み取ることは許されるでしょう。宗教上の生活倫理や規範のなかより導き出された観念であったこともわかります。ことに神仏への正直なる信心は、経済的な有徳と心身の清浄をもたらすもの、と見なされていたところに意味があったのではないでしょうか。

たとえば「士農工商」は歴史的には比較的新しい造語ですが、商人《あきないびと》に対する賤視観が土台にあったことは疑いありません。ところが戦国期には、正直屋を冠した榁井という問屋が兵庫津（神戸）に登場します。秀吉の代官になって、地方銀行のような金融活動もしていました。商業史上のアイロニーのようにも感じとれますが、公然と正直屋を号した点からして、「正直」を商業倫理と解するような社会思潮が着実に広まっていたものとみてよいでしょう。

ともかく本文で整理した神国論は、多様な思想や理念を立ち上げるための国家論や国土観の基盤でした。ここではその一脈を通覧したにすぎませんが、今後の議論の俎上にのせていただければ幸いです。

大谷大学の草野顕之さんに、上別府茂編集長をご紹介いただいて、小著を江湖に問うことができました。編集担当の辻本幸子さんには、校正・図版などでたいへんお世話になりました。皆様にこころからお礼を申し上げます。

恩師、米原正義先生の同じゼミのよしみで、多忙にもかかわらず初校のゲラを通読し適切な指摘をしてくれた、三嶋大社宝物館の奥村徹也君にはあらためて謝意を表します。

前著の論文集もそうでしたが、西からあつい風を感じるときが多いのですが、今度は東の風にも乗ってみようか、とおもっております。

二〇〇六年二月二二日

冠雪の富士を眺めながら

鍛代敏雄

鍛代敏雄（きたい　としお）

1959年神奈川県平塚市に生まれる。1988年國學院大學大学院文学研究科日本史学専攻博士課程後期修了。1994年國學院大學栃木短期大学日本史学科専任講師、1998年同助教授、2003年同教授。2002年東洋大学大学院兼任講師、2005年國學院大學大学院兼任講師。石清水八幡宮研究所員を兼務する。博士（歴史学）。主な著書には、『中世後期の寺社と経済』（思文閣出版、1999年）、『21世紀の文化財行政』（名著出版、2001年、共著）、『古文書に親しむ』（山川出版社、2002年、共著）などがある。

神国論の系譜

二〇〇六年五月一〇日　初版第一刷発行

著　者　鍛代敏雄

発行者　西村七兵衛

発行所　株式会社　法藏館

京都市下京区正面通烏丸東入

郵便番号　六〇〇-八一五三

電話　〇七五-三四三-〇〇三〇（編集）

〇七五-三四三-五六五六（営業）

印刷・製本　亜細亜印刷株式会社

ISBN 4-8318-7470-1 C1021